LOLA I

Kongenga na yango ezalaki lokola libanga na motuya mpenza, libanga na yasipi na langi langi mingi (Emoniseli 21:11).

LOLA I

PETWA MPE KITOKO LOKOLA KULUSATALA

Dr. Jaerock Lee

LOLA I: NA PETWA MPE KITOKO LOKOLA KULUSATALA
na Dr. Jaerock Lee
Ebimisami na Ba Buku Urim (Mokambi na yango: Johnny. H. Kim)
www.urimbooks.com

Ba droit d'auteur. Buku oyo na mobimba na yango to eteni, ekoki soko moke te kozala photocopier, kotiama na bisika oyo moto nioso akoki kozwa yango, to na masini, to ordinateur, ezala casete na internet, kaka soki mokomi na yango apesi nzela.

Kaka soko nzela mosusu epesami. Makomi nioso mazwami kati na Biblia Esantu, NEW AMERICAN STANDARD BIBLE, ©, Ba droits d'auteur ya 1960, 1962, 1963, 1968, 1971, 1972, 1973, 1975, 1977, 1995 na fondation Lockman. Esalemaka soki nzela epesami.

Ba droits d'auteur© 2009 na Dr. Jaerock Lee
ISBN: 979-11-263-1240-5 03230
Droit d'auteur na mobongoli © 2003 na Dr. Esther K. Chung. Esalemeli kaka soki nzela epesami.

Na Liboso ebimisamaka na Ki Koreen na Ba Buku Urim na 2002.

Edition wa yambo juillet 2003
Edition ya mibale Janvier 2006
Edition ya misato 2009

Ebimisami na Dr. Geumsun Vin
Desin na ndako na Edition na Buku Urim
urimbook@hotmail.com Mpona biyano mingi koleka tala na: urimbook@hotmail.com

KOTALISA BUKU

Nzambe na bolingo Akambaka kaka bandimi nioso na nzela na lobiko te kasi Atalisaka mpe ba sekele na Lola.

Kasi mbala moko kati na bomoi na moto, amitunaka mituna eye, "Bisika wapi nakokenda sima na bomoi na mokili oyo?" to "Bongo Lola na lifelo mizalaka mpenza?"

Bato mingi bakufaka ata liboso na kozwa eyano na motuna eye, to ata soki bandimaka na bomoi ekoya, moto nioso azalaka na elikya na Lola te mpo ete moto nioso azalaka na boyebi malamu te. Lola mpe lifelo mizali masolo te, kasi bosolo kati na mokili na molimo.

Na loboko mosusu, lifelo etondisama na pasi makasi, mpe etumbu oyo ezanga suka; somo na yango elimbolama malamu kati na buku Lifelo. Lola na lifelo miyebana o nzela na Yesu mpe na ba Ntoma, mpe ata lelo, mitalisami na malamu mingi epai na bato na Nzambe ba oyo bazali na bondimi na solo liboso na Ye.

Lola ezali bisika bana na Nzambe bazali kosepela bomoi

na seko, mpe makambo kitoko makoki na kobanzama te, na kokamwisa mabongisama mpona bango. Nde bokoyeba yango na mozindo kaka tango Nzambe Andimeli mpe Atalisi bino yango.

Na bondela mpe na kila mbala na mbala ba mbula sambo mpona koyeba likolo na Lola oyo mpe na banda kozwa biyano na Nzambe. Sik'awa Nzambe Azali kolakisa ngai mingi na ba sekele na mokili na molimo na mozindo koleka.

Mpo ete Lola emonanaka te, ezali pasi mingi mpona kolimbola Lola na maloba mpe boyebi na mokili oyo. Ekoki Mpe kozala na bososoli mabe likolo na yango. Tala ntina Ntoma Polo akokaka kolobela Paradiso na mozindo te na likolo na misato oyo ye amonaki na emoniseli.

Nzambe mpe Alakisaka ngai basekele mingi likolo na Lola, mpe mpona ba sanza mingi Nateyaka likolo na bomoi na esengo mpe bisika na bisika mpe mafuti na Lola kolandana na etape kati na kondima. Kasi, nakokaka te koteya nioso oyo nayekolaka na mozindo. Tina oyo Nzambe Andimakaa ete na tia ba sekele na mokili na molimo kati na buku ezali mpo ete nabikisa bato mingi na koleka mpe namema bango na Lola, oyo ezali petwa mpe na kitoko lokola mangaliti.

Napesi matondi mpe nkembo na Nzambe mpo ete Andimeli ngai nabimisa LOLA I: Petwa na kitoko lokola kulusatala, Limbola na bisika petwa mpe kitoko lokola kulusutala, etondisama na nkembo na Nzambe. Nakolikya ete bokososola bolingo monene na Nzambe oyo Atalisi bino sekele na Lola mpe Akokamba bato nioso o nzela na lobiko mpo ete bokoka kozwa yango mpe lokola. Na kolikya mpe ete bokopota mbangu na bisika na lifuti na bomoi na seko na Yelusalema na Sika.

Napesi matondi na Geumsun Vin, directrice na bureau d'edition mpe bato na ye, mpe bureau na traduction mpona mosala na bango makasi mpona kobimisama na buku oyo. Nabondeli na nkombo na Nkolo ete na nzela na buku oyo, milimo mingi mikobikisama mpe mikosepela esengo na bomoi na seko na Yelusalema ya Sika.

Jaerock Lee

EKOTISELI

Nakolikya ete moko na moko kati na bino akososola bolingo na Nzambe oyo ekangaka motema, akokisa molimo ekoka, mpe akima o nzela na Yelusalema ya Sika.

Napesi matondi mpe nkembo nioso na Nzambe oyo Amema bato mingi bayeba malamu likolo na mokili na molimo mpe bapota mbangu na lifuti na elikya na Lola na nzela na kobimisama na buku Lifelo mpe biteni mibale na ba buku Lola.

Buku oyo ezali na chapitre zomi mpe ekotika bino boyeba malamu likolo na bomoi mpe kitoko, mpe bisika mingi na Lola, mpe lifuti epesamaka kolandana na bitape kati na kondima. Oyo ezali oyo Nzambe Atalisa na Reverend Dr. Jaerock Lee na lisungi na Molimo Mosantu.

Chapitre 1 "Lola: Na Peo mpe Kitoko lokola Kulusatala" elimboli esengo na libela na kotalaka lolenge na yango na mobimba, bisika tina na moi to kongala na sanza ekozala te.

Chapitre 2 "Elanga na Edeni mpe bisika na kozela na Lola" Elimboli bisika, lolenge, mpe bomoi kati na Elanga na Edeni, mpona kosunga bino na kosososla malamu Lola. Chapitre oyo etalisi bino mpe likolo na plan mpe mokano na Nzambe na kotia nzete na boyebi malamu na mabe mpe na kokolisa bato na molimo. Lisusu, eyebisi bino likolo na bisika na kozela wapi bato babikisama bakozelaka kino mokolo na esambiseli, elongo na bomoi kati na bisika wana, mpe bato na lolenge nini bakoingela na Yelusalema ya Sika na mbala moko mpe na

Chapitre 3 "Mbula sambo na Elambo na Libala" elimboli bozongi na Yesu Christu, Mbula Sambo na Monyoko Monene, Bozongi na Nkolo na mabele, Bokonzi na Nkoto moko, mpe bomoi na seko sima na Wana.

Chapitre 4 "Sekele na Lola Ebombama Wuta Kokela" etalisi sekele na Lola oyo etalisama na masese na Yesu mpe elobeli bino lolenge nini kozwa Lola, bisika ezali na bisika mingi na kobika.

Chapitre 5 "Lolenge nini tokobika na Lola?" elimbooli molayi, monene, mpe langi na poso mpona nzoto na molimo, mpe lolenge nini tokobika. Na ba ndakisa na ndenge na ndenge na bomoi na eesengo na Lola, chapitre oyo mpe esengi na bino bokoba na esengo na nzela na Lola na elikya monene mpona yango.

Chapitre 6 "Paradiso" elimboli Paradiso oyo ezali bisika na nse koleka na Lola, kasi na kitoko mpe na esengo koleka mokili oyo. Etalisi mpe bato na lolenge nini bakokota Paradiso.

Cha[itre 7 "Bokonzi na liboso na Lola" elimboli bomoi mpe mafuti na Bokonzi ya Liboso, bisika ba oyo bandimelaki Yesu Christu mpe bamekaki kobika kolandana na Liloba na Nzambe.

Chapitre 8 "Bokonzi na mibale na Lola" ezindi kati na bomoi mpe lifuti na bokonzi na mibale bisika ba oyo bakokisaki kobulisama na mobimba te kasi basalaka mosala na bango bakoingela. Ebetisi mpe sete na motuya na kotosa mpe kosala mosala na moto na moto.

Chapitre 9 "Bokonzi ya Misato na Lola" elimboli kitoko mpe nkembo na bokonzi ya misato, oyo ekoki kokokata na bokonzi ya mibale te. Bokonzi ya misato ezali bisika mpona ba oyo balongola masumu na bango nioso- ata masumu kati na bango- na makasi na bango moko mpe na lisungi na Molimo Mosantu. Elimboli bolingo na Nzambe oyo Andimaka mimekano mpe pasi.

Suka, Chapitre 10 "Yelusalema ya Sika" Ekotisi Yelusalema ya Sika, bisika ya kitokko koleka mpe na nkembo na Lola, bisika wapi kiti na Nzambe ezalaka. Elimboli bato na lolenge nini bakokota Yelusalemi ya Sika. Chapitre oyo ekangi na kopesa batangi elikya na nzela na ba ndakisa na ba ndaku na bato mibale ba oyo bakokota Yelusalema ya Sika.

Nzambe Abongisa Lola oyo ezali petwa mpe kitoko lokola kulusatala mpona bana na Ye ba bolingo. Alingi bato mingi babika mpe Akotalaka bana ba ye kokota Yelusalema ya Sika.

Nakolikya na kombo na Nkolo ete batangi nioso na Lola I: Petwa mpe Kitoko lokola Kulusutala bakososola bolingo monene na Nzambe, bakokisa molimo ekoka na motema na Nkolo, mpe bakima na nzela na Yelusalema ya Sika na molende.

Geumsun Vin
Mokambi na Bureau D'Edition

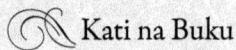
Kati na Buku

KOTALISA BUKU

EKOTISELI

Chapitre 1   **Lola: Petwa mpe kitoko lokola kulusutala** • 1

Chapitre 2   **Elanga na Edeni mpe Bisika na Kozela na Lola** • 21

Chapitre 3   **Elambo na Mbula Sambo** • 47

Chapitre 4   **Sekele na Lola Ebombama Wuta Kokela** • 69

Chapitre 5 **Lolenge nini Tokobika na Lola?** • 97

Chapitre 6 **Paradiso** • 123

Chapitre 7 **Bokonzi ya Liboso na Lola** • 139

Chapitre 8 **Bokonzi ya mibale na Lola** • 153

Chapitre 9 **Bokonzi ya misato na Lola** • 169

Chapitre 10 **Yelusalema ya Sika** • 185

Chapitre 1

Lola:
Petwa mpe Kitoko lokola Kulusutala

1. Lola ya Sika na Mokili ya Sika

2. Ebale na Mai na Bomoi

3. Ngwende na Nzambe na oyo na Mpate

Atalisi ngai ebale na mai na bomoi, kitoko lokola kulusutala, kobima na kiti na bokonzi na Nzambempe na Mwana na Mpate. Na kati na balabala na yango, mpe na ebale, na bipai yonso mibale, ezalaki na nzete na bomoi kobotaka mbuma na mitindo zomi na mibale, sanza na sanza kobotaka mbuma na sanza, mbuma na sanza. Nkasa na nzete ezali mpona kobikisa bato na mabota. Eloko moko elakami mabe ekozala lisusu te. Kiti na bokonzi na Nzambe mpe na Mwana na Mpate ekozala kati na yango, mpe baoumbu na Ye bakosalela Ye, bakomona elongi na Ye, nkombo na Ye ekozala na bilongi na bango. Butu ekozala lisusu te. Bakozala mpe na bosenga na kongenga na mwinda te, soko na moi te, mpo ete Nkolo Nzambe Akongengela bango, mpe bakozala bakonzi libela na libela.

- Emoniseli 22:1-5 -

Bato mingi bakowayaka mpe batunaka ete, "Bongo elobama ete tokoki kozwa bomoi na esengo mpona seko na Lola- bisika ya lolenge nini ezali?" Soki bokoyoka litatoli na ba oyo bakenda na Lola, bokoki koyoka ete mingi kati na bang baleka na Tunel. Yango ezali mpo ete Lola ezali mokili na molimo, oyo ekesana mpenza na mokili bisika bozali kobika.

Ba oyo bazali kobika na mokili oyo na dimension misato bayebi te likolo na Lola na Mozindo. Boyebi likolo na mokili oyo na bikamwa, likolo na dimesion oyo na misato, kaka soki Nzambe Alobeli bino likolo na yango to tango miso na bino na molimo efungwami. Soki boyebi na mozindo likolo na mokili oyo na molimo, kaka molema na bino ekozala na esengo te, kasi mpe lokola kondima na bino ekokola noki noki mpe bokozala balingami na Nzambe. Yango Yesu Alobeli bino ba sekele na Lola o nzela na masese ebele mpe Yoane Ntoma alimboli likolo na Lola na mozindo kati na Buku na Emoniseli.

Bongo, bisika na lolenge nini ezali Lola mpe bato bakobika lolenge nini kuna? Bokotala na mokuse Lola, Petwa mpe kitoko lokola Kulusatala, oyo Nzambe Abongisa mpona kokabola bolingo na Ye na bana na Ye mpona libela.

1. Lola ya Sika mpe mokili ya Sika

Lola mpe mokili ya yambo Nzambe Asalaka mizalaka petwa mpe kitoko lokola kulusatala, kasi milakelamaka mabe likolo na bozangi botosi na Adamu, moto wa yambo. Lisusu, industrialisatio makasi mpe noki na mayele mpe na technologie ebebisi mokili, mpe bato mingi bazali kosenga bobateli na mokili o mikolo oyo.

Bongo, tango ngonga ekoya, Nzambe Akotia pembeni likolo ya yambo na mokili ya yambo mpe akotalisa likolo ya sika mpe mokili ya sika. Ata soki mokili oyo ekomi poluer mpe na kopola, ezali naino na bosenga mpona kokolisa bana solo na Nzambe ba oyo bakoki mpe bakoingela na Lola.

Na ebandeli, Nzambe Akelaka mokili, mpe moto, mpe Amemaka moto na Elanga na Edeni. Apesaka ye bonsomi mingi mpe bofuluki na kopesaka ye makambo nioso kasi kopekisa ye na kolia mbuma na nzete na boyebi malamu na mabe. Kasi moto, abukaki kaka eloko moko oyo Nzambe Apekisaka ye mpe abwakamaka na mokili oyo, likolo na liboso mpe mokili na liboso.

Mpo ete Nzambe na nguya nioso Ayebaka ete bato bakokendeke o nzela na kufa, Abongisaka Yesu Christu ata liboso na bobandi na tango mpe Atindaka Ye na mokili oyo tango ngonga ebelemaki.

Nde, nani nani oyo akondimela Yesu Christu oyo Abakamaka mpe Asekwaka akobongolama na ekelamo na sika mpe akokende na Lola ya sika mpe mokili na sika mpe akosepela bomoi na seko.

Mapata ya bleu na Lola Petwa lokola kulusatala

Likolo na Lola ya sika oyo Nzambe Abongisa etondisama na mopepe na petwa mpona kokomisa yango malamu, bopeto, mpe petwa mpenza lokola mopepe na mokili oyo te. Bo banza likolo epetolama na mapata ya pembe mingi. Boni yango ekozala malamu mpe kitoko!

Nde tina nini Nzambe Asala likolo ya sika na langi bleu? Na molimo langi ya bleu ekomema bino na mozindo, molayi. Mpe kopetolama. Mai ezalaka petwa tango yango emonani na langi na bleu. Na tango bokotala na likolo ya bleu, bokoki mpe koyoka motema na bino ezongisami sika. Nzambe Asala mapata na mokili oyo ezala bleu mpo ete Asala motema na bino peto mpe Apesa bino motema na koluka Mokeli. Soki bokoki kotatola na kotalaka likolo ya bleu ete, "Mokeli na ngai Asengeli kozala kuna likolo. Asala biloko nioso kitoko mpenza!" motema na bino ekopetolama mpe bokosimbama na kobika bomoi malamu.

Boni soki likolo nioso ezala na langi jaune? Bisika ya koyoka malamu, bato bakoyoka malamu te mpe na confusion, mpe basusu bakoki ata kobela na mitu. N a boye, makanisi na bato makoki kosimbama, kozongisama sika, mpe kozwa confusion kolandana na ba langi. Tala tina Nzambe Asala likolo na lola ya liboso bleu mpe Atiaka mapata petwa na pembe mpo ete bana na Ye bakoka kobika na esengo na mitema miye mizali petwa mpe kitoko lokola kulusatala.

Mabele ya sika na Lola Masalami na Wolo epetolama na Mabanga na Talo.

Bongo, mokili ya sika na Lola ekozala lolenge nini? Na mabele ya sika na Lola, oyo Nzambe Asala na bopeto mpe petwa lokola kulusatala, ezali na zelo to mputulu te. Mabele ya sika esalema kaka na wolo epetolama mpe mabanga na talo. Boni makamu ekozala na kozala kati na Lola bisika ezali na ba nzela kongala misalema na wolo epetolama na mabanga na talo!

Mabele oyo esalema na zelo, oyo ekoki kombongwana na boleki na tango. Mbongwana oyo oyo ezali kotalisa bino likolo na pamba mpe kufa. Nzambe Andima ba nzete nioso kokola, mpe kobota mbuma mpe ekufa kati na mabele mpo ete bokoka kososola ete bomoi na mokili oyo ezali na suka.

Lola esalema na wolo ya petwa na mabanga na talo maye makombongwana te mpo ete Lola ezali mokili na solo mpe na seko. Lisusu, kaka lolenge ba nzete makokolaka na mokili oyo, makokola mpe na Lola tango makonami. Kasi makokufaka te lokola ba oyo kati na mokili oyo. Boni kitoko na kongala mikozala! Bosengeli ozala na kondima na solo mpo ete bokoka te kozanga kitoko oyo mpe esengo na Lola oyo ekoki te kolimbolama na maloba.

Kolimwa na Likolo na Liboso mpe na Mabele na Liboso

Nini ekokomela likolo na liboso na mabele na liboso tango likolo oyo kitoko na sika mpe mabele ya sika ekomonana?

Namonaki kiti na bokonzi mpembe Monene, na Mofandi na yango. Likolo na mokili mikimaki elongi na Ye, mpe mizuami te.(Emoniseli 20:11).

Namonaki likolo na sika, na nse na sika, mpo ete Lola na liboso, na nse na liboso esili kolongwa. Mai monene mpe ezali lisusu te. (Emoniseli 21:1).

Tango bato balekaka na mokili oyo bazali kosambisama kolandana na malamu na mabe, likolo na liboso na mokili mikoleka. Yango elakisi te ete mikolimwa libela kasi mikotiama bisika mosusu.

Bongo, mpona nini Nzambe Akolongola likolo na liboso na mokili na liboso bisika na kolimwisa miango kaka? Yango ezali mpo ete bana ma ye ba oyo bakobika na Lola bakobanzaka likolo na liboso na mokili na liboso soki Alimwisaka miango mpenza. Ata soki banyokwamaka na mawa mpe pasi na likolo ya yambo na mokili na yambo, tango mosusu bakozala na posa na miango mpo ete mizalaka bisika na bango. Bongo, na koyebaka yango, Nzambe na bolingo Akotia miango na bisika mosusu na univer, mpe Akolimwisa mpenza miango te.

Univer bisika bozali kobika ezali mokili oyo ezangi suka, mpe ezali na ba univer mingi mpenza. Nde Nzambe Akotia likolo na liboso mpe mokili na liboso na bisika moko na univer mpe Akotika bana ba Ye bakende kotala miango tango bakozala na bosenga.

Ezali na Mpinzoli te, mawa te, kufa, to Bokono te

Likolo ya sika mpe mabele ya sika, bisika bana na Nzambe ba oyo babikisami kati na kondima bakobika, ezali lisusu na bilakeli mabe te mpe mitondisami na esengo. Na emoniseli 21:3-4, bomoni ete ezali na mpinzoli te, mawa, kufa, kolela, to bokono nna Lola te mpo ete Nzambe Azali kuna.

Nayokaki mongongo makasi kobima na Kiti na Bokonzi ete, "Tala! Efandelo na Nzambe ezali nna bato bisika moko, mpe bango bakozala bato na Ye, mpe Nzambe Ye mpenza Akozala na bango elongo. Akolongola mpinzoli nioso na miso na bango, mpe kufa ekozala lisusu te, na mawa, na kolela, na mpasi,, lisusu mpe te; Mpo ete makambo ma liboso masili koleka."

Boni mawa ekozala soki bozalaki kokufa nzala mpe ata bana na bino bazalaki kolela mpona bilei mpo ete bazalaki na nzala?

LOLA I

Tina nini ekozala soki moto ayei mpe alobi ete, "Bozali mpenza na nzala mpe kotangisa mpinzoli," mpe alongoli mpinzoli na bino, kasi apesi bino eloko moko te? Nini awa ekozala lisungi na solo? Asengelaki kopesa bino eloko na kolia mpo ete bino na bana na bino bokufa nzala te. Kaka na sima na wana nde mpinzoli na bino na bana mikotika.

Lolenge moko, koloba ete Nzambe Akopangusa mpinzoli nioso na miso na bino elakisi ete soki bobikisami mpe bokei na Lola, ekozala lisusu na mitungisi te to makanisi mpo ete kuna mpinzoli ezali te, mawa, kufa, kolela, to bokono.

Na loboko moko, soki bondimeli Nzambe to te, bosengeli kobika na mawa na lolenge moko na mokili oyo. Bato na mokili bakomilela mingi ata na moke na kobungisa bakozwa. Na loboko mosusu, ba oyo bandimela bakolela na bolingo mpe na mawa mpona ba oyo basengeli kobika.

Tango bokokende na Lola, kuna, bbokozala na mitungisi te likolo na kufa, to bato misusu kosumuka mpe kokweya kati na kufa na seko. Bokonyokwama na masumu te, nde kuna ekozala na mawa na lolenge moko te.

Kati na mokili oyo, tango botondisami na mawa, bokomilela. Na Lola, ezali na tina na koomilela te mpo été bokono to mituna mikozala te. Ekozala kaka na kosepela na seko.

2. Liziba na Mai na Bomoi

Na Lola, Ebale na Mai na Bomoi, petwa lokola kulusatala, ekotiola na katikati na balabala monene. Emoniseli 22:1-2 elimboli ebale oyo na Mai na Bomoi, mpe bosengeli kozala na esengo kaka na kobanza yango.

Atalisi ngai ebale na mai na bomi, kitoko lokola kulusatala, kobima na kiti na bokonzi na Nzambe mpe na Mwana na Mpate. Na kati na balabala na yango. Na kati na balabala na yango,mpe na ebale, na bipai nyoso mibale, ezalaki nzete na bomoi kobotaka mbuma mitindo zomi na mibale, sanza na sanza kobotaka mbuma na sanza, mbuma na sanza; Nkasa na nzete ezali mpona kobikisa bato na mabota.

Nasukola na mai monene petwa makasi na pacific, mpe mai ezalaki mpenza petwa nde nakokaki komona ba ndunda mpe ba nzete kati na yango. Ezalaki mpenza malamu ete nazalaki na esengo na kozala na kati. Ata na mokili oyo, bokoki koyoka motema na bino kozongisama sika mpe kopetolama tango bokotala mai petwa. Boni kosepela na koleka bokozala na Lola bisika Ebale na Mai na Bomoi, oyo ezali petwa lokola kulusatala, ekotiola katikati na balabala monene!

Ebale na Mai na Bomoi

Ata na mokili oyo, soki bokotala kati na Mai monene na petwa, moi ekomonana likolo na yango mpe ekongala kitoko mingi. Ebale na mai na bomoi na Lola emonanaka bleu na mosika, kasi soki bokopusana na pembeni ezali mpenza petwa, kitoko, ezanga mbeba, mpe na bopeto ete bokoki kaka kokokanisa yango na "petwa lokola kulusatala."

Bongo pona nini Ebale oyo na Mai na Bomoi ebima na Ngwende na Nzambe mpe na Muana na Mpate? Na molimo, mai elakisi Liloba na Nzambe, oyo ezali bilei na bomoi, mpe bokozwa bomoi na seko na nzela na Liloba na Nzambe. Yesu Alobi na Yoane 4:14 ete, "Nde ye oyo akomela mai makopesa ngai epai

9

na ye akoyoka mposa lisusu libela te; Kasi mai makopesa ngai ye makozala moto na mai kati na ye kopunjwapunjwa kino na bomoi na seko." Liloba na Nzambe ezali Mai na Bomoi na seko oyo epesaka bomoi kati na bino, mpe yango tina Ebale na Mai na Bomoi ekobima na Ngwende na Nzambe mpe na Muana na Mpate.

Gout nini bongo, Mai na Bomoi ekozala na yango? Ezali eloko moko mpenza sukali ete bokoki te komona na mokili oyo, mpe bokoyoka mpenza energie tango bokomela yango. Nzambe Apesa Mai na Bomoi epai na bato, kasi na sima na kokweya na Adamu, mai na mokili oyo elakelamaka mabe elongo na biloko misusu. Wuta wana bato bakoka te komeka mai na bomoi na mokili oyo. Bokokoka komeka yango kaka tango bokokende na Lola. Bato na mokili oyo bamelaka mai mabebisama, mpe bakolukaka na bimeli masalema na bato lokola ba soda bisika na mai. N a boye, mai na mokili oyo ekoki te kopesa bomoi na seko, kasi mai na bomoi na Lola, Liloba na Nzambe, epesaka bomoi na seko. Eleki mafuta nzoi na sukali mpe eteni na yango, mpe ekopesaka makasi na molimo na bino.

Ebale ekotiola na Lola Mobimba

Ebale na mai na bomoi oyo etiolaka na Ngwende na Nzambe na Muana na Mpate ezali kaka lokola makila oyo ebatelaka bomoi na kotambolaka kati na nzoto na bino. Ekotiolaka na Lola mobimba katikati na balabala monene? Yambo, ebale oyo na mai na bomoi ezali nzela mokuse mpona kokende na Ngwende na Nzambe. Boye, kokende na Yelusalema ya Sika bisika Ngwende na Nzambe ezali, bolanda kaka nzela na wolo ngambo na ngambo na ebale.

Ya mibale , na nzela na Liloba na Nzambe ezali nzela na Lola, mpe bokoki kokota na Lola kaka tango boolandaka nzela na Liloba eye.

Lolenge Yesu Alobi na Yoane 14:6 ete,Nazali nzela mpe solo mpe bomoi. Moto akokoma epai na Tata te soko na nzela na Ngai te,' ezali na nzela na Lola na Liloba solo na Nzambe

.Bokoki kokota Lola bisika wapi Liloba na Nzambe, Ebale na Mai na Bomoi, etiolaka. Lolenge moko, Nzambe na lolenge oyo kaka na kolanda Ebale na Mai na Bomoi, bokoki kokoma na Yelusalema ya Sika bisika Ngwende na Nzambe Ezwami.

Zelo na Wolo mpe Palata na Pembeni na Ebale

Eloko nini ekozala na pembeni na ebale na mai na Bomoi? Ymbo bokomona été zelo na wolo mpe palata ekokkende kino mosika mpenza. Mabele na Lola ezali mbumma mpe sembe sembe été ekokangama na elamba soko moke te ata soki bolingi yango.

Lisusu, ezali na ba banc mingi na malamu ebongisama na wolo na mabanga na talo. Tango bokofanda na banc na baninga na bino wa bolingo mpe bokosolola masolo malamu, banje kitoko bakosalela bino.

Kati na mokili oyo, bosepelaka na banje, kasi na Lola banje bakobenga bino "bakonzi" mpe bakosalela bino lolenge bolingi. Soki bolingi kozala na mua ba mbuma, banje bakomema yango na kitunga ebongisama na mabanga na talo to ba fololo mpe bakopesa bino yango na ngonga moko.

Lisusu, na pembeni na pembeni na ebale na Mai na Bomoi ezali na ba fololo kitoko na ba langi ebele, bandeke, ba nyama mike, mpe ba nyama minene. Bango mpe bakosalela bino lokola mikonzi mpe bokoki kokabola bolingo na bino elongo na bango. Boni malamu mpe kitoko likolo oyo ekozala elongo na Ebale oyo na Mai na Bomoi!

Ba Nzete na Bomoi na Ngambo na Ngambo na Ebale

Emoniseli 22:1-2 elimboli na mozindo nzete na bomoi na ngambo na ngambo na Ebale na Mai na bomoi.

Atalisi ngai ebale na mai na bomoi, kitoko lokola kulusatala, kobima na kiti na bokonzi na Nzambe mpe na Mwana na Mpate. Na kati na balabala na yango, mpe na ebale, na bipai nyoso mibale, ezalaki nzete na bomoi kobotaka mbuma na motindo zomi na mibale, sanza na sanza kobotaka mbuma na sanza, mbuma na sanza. Nkasa na nzete izali mpona kobikisa bato na mabota.

Pona nini, sik'awa Nzambe Atie nzete na bomoi kobotaka mbuma zomi na mibale na ngambo na ngambo na ebale?

Liboso, Nzambe Alingaki ete bana ba Ye nioso oyo bakokota Lola bayoka kitoko na bomoi na Lola. Alingaki mpe kobanzisa bango ete bazalaka kobota mbuma na Molimo Mosantu tango bakosalaka kolandana na Liloba na Nzambe, lolenge bakokaka kolia mbuma na motoki na mbunzu na bango.

Eloko moko bosengeli kososola awa. Kobota mbuma zomi na mibale elakisi te ete nzete moko ebotaka mbuma zomi na mibale, kasi ba nzete zomi na mibale mikesana mikobotaka mbuma na yango. Kati na Biblia, bokoki komona ete mabota zomi na mibale na Yisalele misalemaka na nzela na bana zomi na mibale na Yakobo, mpe o nzela na mabota mana zomi na mibale, mabota na Yisalele mpe mabota mayamba BoKristu mapanzana na mokili mobimba. Ata Yesu Aponaka bayekoli zomi na mibale, mpe sango malamu epanzana na mokili mobimba na nzela na bango na bayekoli na bango.

Na yango, mbuma zomi na mibale na nzete na bomoi elakisi ete moto na moto na ekolo nioso, soki akolanda bondimi, akoka kobota mbuma na Molimo Mosantu mpe akota Lola.

Soki bolei mbuma kitoko mpe na langi na nzete na bomoi, bokozongisama sika mpe bokoyoka esengo na koleka. Lisusu, na tango ekamatami, mosusu ekozwa bisika na yango, nde mikozanga soko moke te. Makasa na nzete na bomoi ezali na langi na pondu moyindo mpe na kongala, mpe mikotikala lolenge wana mpona libela mpo mikoki koliama to kokweisama te. Makasa mana na langi ya pondu na kongala mizali minene koleka ba nkasa na ba nzete na mokili oyo, mpe mikolaka na molongo malamu mpenza.

Ngwende na Nzambe mpe na Mwana na Mpate

Emoniseli 22:3-5 elimboli bisika na Ngwende na Nzambe mpe na Muana na Mpate ezali katikati na Lola.

Eloko moko elakami mabe ekozala lisusu te. Kiti na bokonzi na Nzambe mpe na Muana Mpate ekozala kati na yango, mpe baumbu na Ye bakosalela Ye, bakomona elongi na Ye, mpe nkombo na Ye ekozala na bilongi na bango. Butu ekozala lisusu te. Bakozala mpe na bosenga na kongenga na mwinda te, soko na moi te mpo ete Nkolo Nzambe Akonngengela bango, mpe bakozala bakonzi libela na libela.

Ngwende ezali na katikati na Lola

Lola ezali bisika na seko bisika Nzambe azali kokonza na bolingo mpe na bosembo. Kati na Yelusalema ya Sika oyo ezali katikati na Lola, ezali na Ngwende na Nzambe mpe na Muana na Mpate, Mpate awa elakisi Yesu Christu (Esode 12:5; Yoane 1:29; 1 Petelo 1:19). Moto nioso akoki te kokota na bisika wapi Nzambe Amesana kozala. Ezali na kati na espace na dimension mosusu wuta na Yelusalema ya Sika. Ngwende na Nzambe na bisika oyo ezali ezali mpenza kitoko koleka mpe na kongenga koleka oyo na Yelusalema na Sika.

Nokinoki nazalaki kati na Molimo. Namoni kiti na bokonzi kati na likolo, na Nofandi na kiti na bokonzi yango. Mofandi Azalaki na motindo na komonana lokola libanga na yasipi na salali, mpe monama mozingaki kiti na bokonzi ezalaki na motindo na komonana lokola na libanga na samala.

Zinga zinga na Ngwende ezali na ba mpaka ntuku mibale na minei bafandi, balati bilamba na pembe na mitole na wolo na mutu na bango. Liboso na Ngwende ezali na Milimo Sambo na Nzambe mpe Mai monene lolenge na talatala, petwa lokola kulusatala. Na katikati mpe na zingazinga ezali na bikelamu minei na bomoi mpe ebele na mampinga na Lola mpe banje.

Lisusu, ngwende na Nzambe ezipama na minda. Ezali mpenza kitoko, na kokamwisa, na bokonzi, na kokoka, mpe monene oyo eleki bososoli nioso na bato. Lisusu, na loboko na mobali na Ngwende ezali na Ngwende na Muana na Mpate, Nkolo na biso Yesu. Ezali mpe na bokeseni na Ngwende na Nzambe, kasi Nzambe Misato, Tata, Muana mpe Molimo Mosantu, bazali na motema moko, lolenge, na nguya moko.

Mozindo likolo na Ngwende na Nzambe ekolimbolama na Buku na mibale na Lola Yango ezali "Etondisama na Nkembo na Nzambe".

Butu te Moi mpe te

Nzambe Akonzaka na Lola mpe na univer mobimba na bolingo na Ye na bosembo, wuta Ngwende na Ye, oyo ezali kongala na pole bulee mpe na kitoko na Nkembo na Ye. Ngwende ezali na kati kati na Lola mpe na pembeni na Ngwende na Nzambe ezali na ngwende na Muana na Mpate, yango mpe ezali kongala minda na nkembo. Bongo Lola ezali na bosenga na moi to sanza, to pole na lolenge mosusu to couran mpona kongegela yango. Ezali na butu no moi te na Lola.

Na bongo, Baebele 12:14 esengi na bino ete "Luka kimya na moto nioso, mpe kobulisama soko te moko te akokoka komona Nkolo." Yesu na Matayi 5:8 Alaki bino ete Mapamboli na bapetolami na motema, pamba te bakomona Nzambe."

Bongo, bandimi nioso ba oyo balongoli mabe kati na mitema na bango mpe bakotosaka mpenza Liloba na Nzambe bakoki komona elongi na Nzambe. Na lolenge bakokokana na Nkolo, bandimi bakopambolama na mokili oyo, mpe bakobika pembeni na Ngwende na Nzambe na Lola mpe lokola.

Boni bato na esngo bango bakozala soki bakokoka komona elongi na Nzambe, basalela Ye, mpe bakabola bolingo elongo na Ye mpona libela! Kasi, kaka lolenge bokoki kotala mbala moko moi te mpona kongala na yango, ba oyo bakokani na motema na Nzambe te bakoki te komona Nzambe na pembeni.

Kosepela Esengo na Seko mpona Libela na Lola

Bokoki kosepela esengo na seko na makambo nioso bokosala na Lola mpo ete ezali likabo na malamu koleka oyo Nzambe Abongisi na bolingo monene makasi mpona bana ba Ye. Banje bakosalela bana na Nzambe lolenge elobama na Baebele 1:14 ete, "Banje niosobazali milimo na mosala bakotindamaka mpo na kosalela baoyo balingi kozwa libula na lobiko, boye te?" Lokola bato bazalaka na bokeseni na bitape kati na kondima, monenen na ba ndako mpe ebele na banje basaleli na moko na moko ekokesana kolandana na lolenge nini bato bakokani na Nzambe.

Bakosalelama lokola ba nkumu na basi mpe na mibali mpo ete banje bakotanga makanisi na bakolo na bango na ba oyo batindami mpe bakobongisa eloko nioso oyo balingi. Lisusu, ba nyama na ba njete bikolinga bana na Nzambe mpe bakosalela bango.

Ba nyama na Lola bakotosaka kaka bana na Nzambe mpe na mbala misusu bakosala makambo malamu mpona kosepelisa bango mpo ete bazali na mabe te.

Boni mpona ba ndunda na Lola? Moko na moko na ndunda ezali na solo na yango, mpe na tango nioso bana na Nzambe bakopusana pembeni na yango, bakobimisa solo ina. Ba fololo mikobimisaka solo malamu koleka mpona bana na Nzambe, mpe solo ekopanzana ata na bisika na mosika. Mpe solo ekozongisama sika na tango ebimaki.

Lisusu, ba mbuma na ba nzete zomi na mibale na bomoi mizali na gou na lolenge na yango moko. Soki boyoki solo na fololo to bolei ya nzete na bomoi, bokozongisama sika mpe na esngo ete ekoki te kopimama na eloko moko te kati na mokili oyo.

Lisusu, na bokeseni na ba nzete na mokili oyo, ba fololo na Lola bikoseka na tango bana na Nzambe bakopusana pembeni na miango. Ata bikobinaka mpona bakolo na bango mpe bato bakoka kozala na lisolo elongo na bango mpe lokola.

Ata soki moto azwi fololo, ekoyoka pasi to koyoka mawa te, kasi ekozongisama na nguya na Nzambe. Fololo oyo ekamatami ikolimwa na mopepe. Mbuma mpe oyo iliamaki na bato ekolimwa kati na bango mpe ekobimisama na lolenge na malasi kitoko o nzela na mpema na zolo.

Ezali na ba tango minei na Lola, mpe bato bakoki kosepela mbongwana na ba tango. Bato bakoyoka bolingo na Nzambe na komonaka ba mbongwana na ba tango ba lolenge na yango lokola: tango na ebandeli na molumge, na molunge, ebandeli na malili, mpe na malili. Bongo moto akoki kotuna ete, "Bongo tokonyokwama na pasi na molunge mpe na pasi na malili ata kuna na Lola?" Tango na Lola ebimisamaka na lolenge ya malamu mingi mpo ete bana na Nzambe babika, mpe bango bakonyokwama na molunge mpe to na malili soko moke te. Ata bongo ba nzoto na molimo mpe eyokaka mopepe na moto to na malili te. Bongo moko te akonyokwama na tango na molunge to na malili kuna na Lola.

Na tango na ebandeli na malili, bana na Nzambe bakoki kosepela kokweya na ba kasa, mpe na malili bakoki komona neige. Bakokoka kosepela kitoko oyo ezali mpenza kitoko koleka eloko nioso na mokili oyo. Tina Nzambe Asala ba tango minei na Lola ezali mpona kotika bana ba Ye ete eloko nioso bakolinga ezali mpona kosepela na bango kuna na Lola. Lisusu, ezali elembo na bolingo na Ye mpona kosepelisa bana ba Ye tango bakoyoka posa na mokili oyo bisika wapi bakolaka kino tango bayaka kokoma bana na Nzambe na solo.

Lola ezali mokili na ba dimension minei oyo ekoki te kopimama na mokili oyo. Etondisami na bolingo mpe nguya an Nzambe, mpe ezali na makambo mpe biloko mizanga suka oyo bato bakoki ata kobanza te. Bokoyekola likolo na ba bomoi na esengo na bandimi na Lola na chapitre 5.

Kaka ba oyo ba nkombo na bango mikomama kati na buku na bomoi na Muana na Mpate bakoki kokota Lola. Lolenge ekomama na Emoniseli 21:6-8, kaka ye oyo akomela Mai na Bomoi mpe akomi muana na Nzambe akoki kokitana na bokonzi na Nzambe.

"Alobi na ngai ete, yango esili kosalama. Ngai Alifa mpe Omega; Ebandeli na Suka. Mpona moto na mposa na mai ngai nakomelisa ye na liziba na mai na bomoi lokola likabo. Molongi akozwa biloko oyo, mpe ngai nakozala na ye Nzambe, mpe akozala na ngai muana. Nde mpona ba goigoi, na bato na ntembe, na bato babebi na bosoto, na bato babomi na bato, na bato na pite, na bato na soloka, na basambeli na bikeko, na bato na lokuta nioso, likabo na bango ekozala kati na libeke likopelaka moto na sufulu, oyo ezali kufa na mibale.'

Ezali mosala esengela na moto kobanga Nzambe mpe kobuka Liloba na Ye mpe kokoba na kosumuka na nko ata soki boyebi ete bozali kosumuka, bokoki te kokota Lola. Bato mabe, babomi, bato na bondumba, bato na soloka, mpe bangumbameli na bikeko ba oyo balekelaka mayele na bato bakoki soko moke te kokota Lola. Batiolaki Nzambe, basalelaki bademona, mpe bandimelaka ba Nzambe na pamba na kolandaka moyini Satana na Zabolo.

Lisusu mpe, ba oyo bakosaka Nzambe mpe bakoyokisa Ye motema pasi, mpe bakoloba mabe na Molimo Mosantu bakotikala kokota Lola te. Lolenge nalimboli na buku na Lifelo, bato wana bakonyokwama seko na lifelo.

Bongo, nabondeli na Nkombo na Nkolo ete bokondimela kaka Yesu Christu te mpe bokozwa makoki lokola bana na Nzambe, kasi mpe lisusu bosepela esengo na seko na Lola oyo ya kitoko oyo ezali petwa koleka kulusatala na kolandaka Liloba na Nzambe.

Chapitre 2

Elanga na Edeni na Bisika na kozela na Lola

1. Elanga na Edeni bisika wapi Adamu Abikaka
2. Bato bakolisami na mokili oyo
3. Bisika na kozela na Lola
4. Ba oyo Bafandaka na Bisika na Kozela te

Yawe Nzambe Akonaki elanga epai na ebimeli na ntango, kati na Edene, mpe kuna atiaki moto oyo Ye Asalaki. Yawe akolisaki na mokili nzete nioso ezali na kitoko na kotala, mpe yango ezali malamu na kolia; atiaki mpe nzete na bomoi kati na elanga, mpe nzete na koyeba malamu mpe mabe.

- Ebandeli 2:8-9 -

Adamu moto wa yambo oyo Nzambe Asalaka, abikaka kati na elanga na Edeni lokola molimo na bomoi oyo azalaka kosolola na Nzambe. Kasi,sima na tango molayi, Adamu asalaka lisumu ya koboya kotosa na kolia mbuma na nzete na boyebi malamu na mabe oyo Nzambe Apekisaka. Na yango, molimo na ye, mokonzi na moto, ekufaka. Abimisamaka na libanda na elanga na Edeni mpe asengelaka na kobika na mokili oyo. Sik'awa molimo na Adamu na Ewa mikufaka mpe lisolo na ye na Nzambe ekatanaka. Kobika na mabele oyo elakelama mabe, boni boni basengelaka kozanga Elanga na Edeni?

Nzambe moyebi na nioso Ayebaka likolo na bozangi botosi na Adamu na kala mpe Asi Abongisaka Yesu Christu, mpe Afungolaka nzela na lobiko tango tango ekomaka. Moto nioso oyo abikisama na kondima bakozwa Lola oyo ekoki te kokokisama ata na Elanga na Edeni.

Sima na Yesu kosekwa mpe Abuta na Lola, Asala esika na kozela bisika wapi ba oyo babikisama bakoki kozala kino mokolo na esambiseli, na kobongisaka bisika mpona bango. Tika biso totala kati na Elanga na Edeni mpe bisika na kozela na Lola mpona bososoli malamu na Lola.

1. Elanga na Edeni Bisika Adamu Abikaka

Genese 2:8-9 elimboli Elanga na Edeni. Oyo ezali bisika moto na muasi ba yambo ba oyo Nzambe Akelaka, Adamu na Ewa, bamesanaka kobika.

Elanga na Edeni ezalaki bisika Adamu azalaka kobika, nde esengelaki esalema kati na mokili na molimo. Nde, bisika nini lelo Elanga na Edeni ndako na liboso na Adamu moto na yambo ezali?

Bisika na Elanga na Edeni

Nzambe Alobela ba Likolo na bisika mingi kati na Biblia mpona kotika bino boyeba ete ezali na bisika na mokili na molimo likolo na likolo oyo tomonaka na miso. Asalela kombo "Ba likolo" mpona kososolisa bino bisika oyo ezwami kati na mokili na molimo.

Tala, Lola na Lola oyo eleki likolo mpe mokili na biloko nioso kati na yango izali ya Yawe Nzambe na yo; (Dutelonome 10:14).

Asalaki mokili na nguya na Ye, Abongisaki molongo na mayele na ye; Asembolaki mpe ba Loa na boyebi na Ye. (Yelemia 10:12).

Bosanzola Ye Lola na likolo mpe, mpe mai na nse na yango! (Njembo 148:4)

Bongo, bosengeli kososola malamu ete ba Lola ezali kaka likolo tokomonaka na miso na biso te.. Ezali likolo ya liboso bisika moi, sanza, mpe minzoto mizalaka, mpe ezali na Lola na mibale, na misato oyo ezali mpenza na mokili na molimo. Na 2 Bakolinti 12, Polo ntoma azali kolobela Lola ya Misato. Lola mobimba kobanda na Paradiso kino na Yelusalema ya Sika ezali na Lola oyo ya Misato.

Polo ntoma akenda kino na Paradiso, oyo ezali bisika mpona ba oyo na kondima na moke koleka, mpe ezali mosika koleka na Kiti na Bokonzi na Nzambe. Mpe kuna ayoka likolo na sekele na lola. Kasi, atatolaki ete ezali makambo epesameli na moto aloba te."

Bongo mokili na molimo ya lolenge nini Lola na mibale ezali?

Oyo ezali na bokeseni na Lola Misato, mpe Elanga na Rdeni ezalaka awa. Bato mingi bakanisa ete Elanga na Edeni ezalaka na mokili oyo. Batangi mingi na Biblia mpe baluki na biloko bakobaka na koluka kati na mabele bisika na ebale Euphrate na Tigre na katkati na ebimeli na tango. Kasi, batikala kozwa eloko moko te kino lelo. Tina bato bakoki te komona elanga na Edeni na mokili oyo ezali mpo ete ezali na Lola na mibale oyo ezali na mokili na molimo.

Likolo na mibale ezali mpe bisika mpona milimo mabe oyo babenganaka na Lola na misato sima na botomboki na Lucifer. Genese 3:24 elobi ete "Bongo Ye Abimisaki moto, mpe epai na ebimelo na ntango na Elanga na Edeni Atiaki bakeluba na mopanga na moto, mokombongwana bipai nyoso ete basenzela nzela na nzete na bomoi. Nzambe Asalaki oyo mpona kopekisa milimo mabe na kozwa bomoi na seko na kokota kati na elanga na Edeni mpe na kolia mbuma na nzete na bomoi

Bikuke na Elanga na Edeni

Awa bosengeli te kososola ete Lola ya mibale ezali likolo na Likolo oyo na liboso. Mpe ya Misato likolo na oyo ya Mibale. Bokoki te kososola esapace ya mokili na dimension minei to na likolo na yango na bososoli na mayele na mokili na dimension misato. Bongo, boni balikolo mingi mitandama? Mokili oyo na dimension misato oyo bokomonaka na miso na bino mpe Lola na molimo mimonani lokola mikabwana kasi na tango moko mpe mikutana mpe mikangema. Ezali na bikukke miye mikutanisaka mokili na dimension misato na mokili na molimo.

Ata soki bokoki komona miango te, bikuke mikangisa Likolo ya liboso na Elanga na Edeni na Lola ya Mibale mizali. Ezali mpe na bikuke mikomemaka na Lola na Misato. Bikuke miango mizali mosika mingi te, kasi na molayi na mapata miye bokoki komona na miso na bino tango bozali kati na ba pepo.

Kati na Biblia bokoki kosossola ete ezali na bikuke mikomemaka na Lola (Genese 7:11; Luka 9:28-36; Misala 1:9; 7:56). Nde tango bikuke na Lola mifungwamaka, ekoki kosalema ete bokende na Lola Bikesana kati na mokili na molimo mpe ba oyo babikisama na kondima bakoki kokende mbala moko na Lola ya Misato.

Ezali lolenge moko na Geena na Lifelo. Bisika miango mpe mizalaka na mokili na molimo mpe ezali na bikuke miye mikomemaka na bisika oyo mpe lokola. Nde tango na kozanga na kondima bakufaka, bakokita na kati na Geena, oyo ezali kati na Lifelo, to mbala moko na lifelo na nzela na bikuke oyo.

Ba Dimension na Molimo mpe oyo na Mosuni mikutanaka

Elanga na Edeni, oyo ezali etteni na Lola ya Mibale, ezali kati na mokili na molimo, kasi ekeseni na mokili ya molimo na Lola ya Misato. Ezali mpenza mokili na molimo ya kokoka te mpo ete ekoki kosangana na mokili na mosuni.

Na maloba mosusu, Elanga na Edeni ezali bokutani kati na mokili na mosuni mpe mokili na molimo. Moto wa yambo Adamu azalaka molimo na bomoi, kasi azalaka na nzoto esalema na mputulu na mabele. Nde Adamu na Ewa bafulukaki mpe bakomaka mingi kuna, na kobotaka bana na lolenge tokosalaka (Genese 3:16).

Ata sima na moto na yambo Adamu Aliaka na nzete na boyebi malamu na mabe mpe babimisamaka na mokili oyo; bana ba ye ba oyo batikalaka na Elanga na Edeni bazali kino lelo kobika kuna lokola milimo na bomoi, na komonaka kufa te. Elanga na Edeni ezali bisika na kimya epai wapi kufa ezalaka te. Ekambami na nguya na Nzambe mpe ekambami na nse na mibeko mpe molongo oyo Nzambe Asala. Ata ete butu mpe moi kuna ezali te, bakitani na Adamu bayebi malamu tango basengeli kosala, tango na kopema, mpe bongo na bongo.

Lisusu, Elanga na Edeni ezali na makambo mingi makokani na oyo na mokili oyo. Etondisama na ba nzete mingi, ba nyama, mpe ba nyama mike. Ezali mpe na nature ezanga suka mpe na kitoko. Kasi, ba ngomba milayi mizali te kaka ba oyo ya mike. Na ba ngomba miye ezali na ba ndako lokola ba imeuble, kasi bato bakopemaka kaka kasi babikaka kuna te.

Bisika na Congé mpona Adamu na Bana ba Ye

Moto wa yambo Adamu Abikaka ba tango molayi mingi kati na Elanga na Edeni na kobotaka mpe na kokoma ebele. Wuta Adamu mpe bana ba ye bazalaka milimo na bomoi, bakokaki ndenge balingi koya na mokili oyo na nzela na bikuke na Lola na Mibale.

Mpo ete Adamu na Bana ba ye bazalaka koya kotala mokili oyo lokola bisika na bango na congé mpona tango molayi, bosengeli koyeba ete lisituale na bato ezali mpenza molayi. Bato misusu bazangaka bosososli mpe bakopimaka yango na ba mbula nkoto motoba na bokoli na bato kati na mokili oyo mpe bakoboyaka kondimela Biblia.

Soki botali na makambo na kokamwa na bato na kala malamu, bokososola ete Adamu mpe bana ba ye bamesanaka koya na mokili oyo. Piramide mpe sphinx na Giza, Egypito, lokola, mizali mpe bilembo na misala na Adamu na bana ba ye oyo bazalaka kobika kati na Elanga na Edeni. Bilembo na motindo oyo, mimonana na mokili, mitongama na mayele mpe technologie likolo mpenza, oyo bokoka ata te komeka kosala na mayele na makoki na science ya lelo.

Ndakisa, ba Pyramide mizali na calcul na mathematique na kafukafu, na boyebi na geometrie mpe astronomie oyo bokoki kaka koyeba mpe kosossola na kotanga na likolo makasi. MIzali na basekele mingi oyo bokoki kaka kososola kaka soki balakisi bino ba constelation na mobimba na yango mpe univer mobimba. Bato misusu bakotalaka ba civilisationa mana na kala lokola bilembo na bato na kowuta na mikili na likolo kasi na Biblia, bokoki kosilisa makambo nioso miye ata scince ekoki te.

Bilembo na Civilisation na Edeni

Adamu kati na Elanga na Edeni azalaka na ebele na boyebi mpe na makoki. Yango ezalaki lifuti na Nzambe kolakisa Adamu boyebi na solo, mpe boyebi na bosososoli oyo ebakisamaka na koleka na tango. Nde mpona Adamu, oyo ayebaka makambo nioso likolo na univer mpe akaonzaka mokili, ezalaki pasi soko moke te kotonga ba Piramyde na sphinx. Wuta Nzambe Alakisaka Adamu Ye moko. Moto wa yambo ayeba makambo oyo bino botikala kokanisa to koyeba te na mayele na mikolo oyo.

Ba Piramide misusu mitongamaka na mayele mpe makoki na Adamu, kasi misusu mitongamaka na bana ba ye, nde misusu mpe mitongama epai na bato na mokili oyo oyo bamekaka kolanda pyramide na Adamu sima na tango molayi. Ba Pyramide oyo nioso mizai na bokeseni na technologie. Yango ezali mpo ete

Adamu kak nde azalaka na makoki mapesamelaka ye na Nzambe mpo na kokonza eloko nioso.

Adamu abikaka tango molayi mingi kati na Elanga na Edeni, mpe tango na tango azalaka koya na mokili oyo, kasi abenganakama na libanda na Elanga na Edeni sima na ye kosala lisumu na kozanga botosi. Kasi, Nzambe Akangaka bikuke miye mizalaki kokutanisa mokili na Elanga na Edeni te mpona ba ngonga sima na likambo wana.

Bongo, bana na Adamu ba oyo batikalaka kobika na Elanga na Edeni bazalaka koya ndenge balingi kati na mokili oyo, nde na lolenge bazalaka koya mingi koleka, babandaka kozwa bana basi na bato lokola basi na bango (Genese 6:1-4).

Bongo Nzambe, akangaka bikuke na likolo miye mitutanisaka mokili na elanga na Edeni.Kasi, mibembo nioso mitikaka mpenza te, kasi mikotaka kati na bokengeli makasi mingi lokola ezala na kala te. Bosengeli koyeba ete mingi na makambo na nkamwa mpe ba civilisation mingi na kala mizala bilembo oyo Adamu mpe bana ba ye batikaka kati na mokili oyo na tango bamesanaka koya nlolenge balingi kati na mokili oyo.

Lisituale na Bato mpe Ba Dinausaure kati na Mokili oyo

Mpona nini ezali ete ba dinausaure babikaka na mokili oyo kasi na mbala moko bakufaka? Yango ezali mpe moko na bilembo mpona kolobela bino boni kala lisituale na bato ezali. Ezali sekele oyo ekoki kaka kososolama na nzela na Biblia.

Nzambe Atiaka ba dinausaure kati na Elanga na Edeni. Bazalaka malamu, kasi babwakamaka na mokili oyo mpo ete bakweyaka kati na motambo na Satana na tango wapi Adamu akokaka koya ndenge alingi na mokili oyo mpe kozonga na

Elanga na Edeni. Bongo, ba dinausare babimisamaki na makasi mpona kokweya na mokili oyo basengelaki koluka bilei. Na bokeseni na tango oyo bazalaka kobika kati na Elanga na Edeni, bisika wapi makambo nioso ezalaki ebele, mokili oyo ekokaki te kopesa bango bilei esengelaki mpona bango na banzoto minene. Baliaka ba mbuma na nzete, na mabele, mpe ba ndunda, nde bayaka na kobanda na kolia ba nyama. Nzambe Ayaka kozwa ekateli ete Akokaki lisusu te kotika ba dinausaure na mokili oyo, nde asilisaka bango na moto na likolo.

Lelo batangi mingi babetaka tembe ete ba dinausaure babikaka na mokili oyo mpo na ba mbula ebele. Balobaka ete ba dinausare babikaka ba mbula koleka mokama moko na ntuku motoba na ba milio. Kasi, moko te na maloba na bango elimboli malamu lolenge kani ba dinausare ebele boye bakufaka na mbala moko. Lisusu, soki ba dinausaure oyo ba mbongwanaka na ba mbula ebele, eloko nini balingaka kolia mpona kokoba kobika?

Kolandana na Theory na evolution, mpona ba dinausaure ebele babima na mokili, esengelaki na ba nyama mingi na mike bazala, kasi ezali na elembo moko te na lolenge wana na momesano, mpona libota to lolenge na ba nyama balimwa, mikobanda naino kokita moke moke, mpe mikolimwa mpenza na suka. Ba dinausaure nde bango balimwaka na mbalakata.

Ba tangi bango balobaka ete yango esalema mpo ete tango embongwanaka mbala moko, virus, radiation eyaka sima na monzoto moko kopanzana, to mpe kotutana na meteorite moko na mabele.Kasi soki likama eye ekokaki koboma ba dinausaure nioso, ba nayama mpe ba nzete nioso misengelaki mpe kosila lokola. Ba nzete, bandeke, to ba nyama misusu bizali bioso na bomoi kino lelo, nde makambo na komonana ekoki kondima theory na evolution te. Ata liboso na ba dinausaure komonana na mokili oyo, Adamu na Ewa babikaka kati na Elanga na

Edeni, tango na tango koyaka na mokili oyo. Bosengeli koyeba ete lisituale na mabele ezali molayi mingi. Bokoki koyekola na mozindo kati na "Malakisi na Genese" oyo nateya. Kobanda awa, nakolinga kolimbola mokili kitoko na Elanga na Edeni.

Mokili Kitoko na Elanga na Edeni

Olali malamu na nse na ngambo moko na mopanzi na yo na plaine etondisama na ba nzete malamu mpe bafololo, na koyambaka pole oyo ezali kozinga nzoto na yo motimba, Mpe na kotalaka likolo na bleu bisika wapi mapata na petwa ya pembe mizali kotepatepa mpe mizali kolakisa ba lolenge na lolenge na biloko.

Libeke ezali kongala na kitoko mingi na nse na ngomba, mpe mopepe malamu oyo ezali na solo kitoko na ba fololo ekoleka yo na bolamu.

Bokoki kozala na masolo malamu na ba oyo boyebi, mpe koyoka esengo. Tango mosusu bokoki kolala na matiti mobeso to na ebele na ba fololo mpe bokoki koyoka solo malasi kitoko na kosimba ba fololo. Bokoki mpe kolala na nse na malili na nzete, oyo ezali kobota ba mbuma mingi, na kopesa mposa na kolia, mpe kolia ba mbuma na lolenge bolingi.

Kati na liziba mpe kati na mai monene ezali na ba mbisi ebele na ba langi ebele. Soki bolingi bokoki kokende na zelo na pembeni na ebale pene pene mpe na kosepela ba mbonge mizongisaka sika to mabele na pembe oyo ezali kongala na moi. To, soki bolingi, bokoki ata kosukola lokola mbisi.

Ba mboloko kitoko, ba lapin to ecureuil na ba miso kitoko kongala bakopusana pene pene na bino mpe bakosala makambo malamu. Na plaine monene ba nyama mingi bazali kosakana na kimya.

LOLA I

Oyo nde Elanga na Edeni, bisika etonda na kimya na esengo. Bato mingi kati na mokili oyo bakolinga solo kotika bomoi na bango na misala mingi mpe bazala na bisika na kimya oyo ata na mbala moko.

Bomoi na Kofuluka Kati na Elanga na Edeni

Bato na Elanga na Edeni bakoki kolia mpe kosepela na lolenge balingi ata soki basalaka mpona eloko moko te. Ezali na mitungisi te, mabanzo, mpo ezali kaka na esengo, kosepela, mpe kimya. Mpo ete makambo nioso makonzami na mobeko mpe molongo na Nzambe, bato kuna basepelaka bomoi na seko ata soki basalaka mpona eloko moko te.

Kati na elanga na Edeni, oyo ezali na makambo na komonana lolenge na mokili oyo, bilokomingi na mokili oyo mizalaka mpe kuna lokola. Kasi, mpo ete mikobebisama te to kobongwanaka te na tango masalemaka, mikobatela bopeto mpe kitoko na yango na bokeseni na oyo na mokili oyo.

Lisusu, ata soki bato na Elanga na edeni na momesano balataka bilamba te, bayokaka soni te mpe bazalaka na bondumba te mpo ete bazali na mmosisa na masumu kati na bango te mpe bazali na mabe kati na mitema na bango te. Ezali lokola bana bebe babotami sika bazali kosakana motakala, mpenza na motongisi to na kolandaka soko moke te nini basusu bakoki kokanisela bango to mpe koloba.

Mokili na Elanga na edeni ekoki mpona bato ata soki bakolataka elamba moko te, nde bakoyokaka nkaka moko te ata soki bazali motakala. Boni malamu ekozala mpo ete ezali na eloko lokola ba nyama mike na mabe te to ba sende oyo mikonyokola poso na nzoto!

Bato misusu balataka bilamba. Bazali bakambi na etonga na

bato. Ezali na molongo mpe mibeko kati na Elanga na Edeni mpe lokola.Na etonga moko ezali na mokambi mpe bato na ye bakotosaka mpe bakolandaka ye. Bakambi wana balataka bilamba lokola basusu te kasi bakolataka yango kaka mpona kolakisa ba pete na bango, kasi mona kozipa, kobatela, to mpe te mpona komibongisa bango moko.

Genese 3:8 etalisi mbongwana na tango kati na Elanga na Edeni "Bayokaki mpe mongongo na Yawe Nzambe etambolaki Ye na Elanga na mpokwa, bongo mobali na mwasi na ye bamibombaki na elongi na Yawe Nzambe, kati na ba nzete na elangaBokososola ete bato bazali na tango na malamu kati na elanga na Edeni. Kasi, elakisi te ete basengeli na kotoka na mokolo na moi kongala makasi to kolenga mpona malili lolenge esalemaka na mokili oyo.

Elanga na Edeni ezalaka tango nioso na niveau malamu esengela na tango, humudité, na mopepe, ndc bongo koyoka nkaka ezala te na mbongwana na tango.

Lisusu, elanga na Edeni ezalaka na moi mpe butu te. Ezingama tango nioso na pole na Nzambe Tata mpe bokoyoka tango nioso lokola ngonga na moi. Bato bazalaka na ngonga na kopema, mpe basosolaka tango na mosala mpe tango na bopemi na mbongwana na tango.

Mbongwana oyo na tango, kasi, elakisaka te ete ekomata to ikokitaka makasi mpona komema bato na koyoka molunge to malili na mbala moko. Kasi ekosala ete bayoka malamu mpona kopemisa nzoto na mopepe kitoko malamu.

Bato bakolisamaka nde na mokili oyo

Elanga na Edeni ezali mpenza monene mpe na molayi ete bokoki te kokanisa monene na yango. Ezali pembeni na Milliard moko na monene koleka mokili oyo. Likolo na liboso bisika bato bakoki kobika kaka ba mbula ntuku sambo, to ntuku libwa emonanaka lokola ezali na suka te, kosopana banda na systeme solaire na biso kino ba galaxy likolo. Boni boni monene sik'awa, Elanga na Edeni ezali, bisika bato bakobotaka ebele na komonaka kufa te, lokola na Lola na liboso?

Na ngonga moko, ata kitoko monene mpe malamu Elanga na Edeni ekoki kozala, ekoki te kokokisama na bisika moko kati na Lola na misato. Ata Paradiso, oyo ezali "Esika na Kozela" na Lola, eleki kitoko mpe na esengo mbe Elanga na Edeni. Bomoi na seko na Elanga na Edeni ekkesana mingi na bomoi na seko na Lola.

Bongo,, na kotalaka mokano na Nzambe mpe ebele na bitape na Adamu kobengana na Elanga na Edeni mpe kokolisama na mokili oyo, bokomona lolenge nini Elanga na Edeni ekesana na Bisika na Kozela na Lola.

Mbuma na Boyebi na Malamu na Mabe Kati na Elanga na Edeni

Moto wa yambo Adamu akokaka kolia nyoso alingaka, kokonza ekelamo nioso, mpe kobika seko kati na Elanga na Edeni. Kasi, soki bokotanga Genese 2:16-17, Nzambe Apesi mobeko na moto ete, "Yawe Nzambe Alakaki moto ete, Yo okoki kolia mbuma na nzete nioso na elanga, nde mbuma na nzete na koyeba malamu mpe mabe okoki kolia te. Pamba te mokolo okolia yango okokufa solo." Ata ete Nzambe Apesaka na Adamu mpifo monene mingi mpona kokonza ekelamu nioso na kopona, apekisaka solo Adamu na kolia na nzete na boyebi malamu mpe mabe. Kati na Elanga na Edeni, ezali na ba nzete lolenge na lolenge, na langi langi, kitoko, mpe elengi miye mikoki te kokokisana na oyo na mokili oyo. Nzambe Apesa ba mbuma nioso na nse na bokonzi na Adamu, nde akokaki kolia yango na lolenge alingaki.

Mbuma na nzete na boyebi malamu mpe mabe ezalaki na bokeseni. Na nzela na oyo, bosengeli kososola ete ata soki Nzambe Asi Ayebaka ete Adamu akolia na nzete na boyebi malamu na mabe, Atikaka kaka Adamu asala lisumu, na lolenge bato mingi bakanisaka. Soki Nzambe Alingaka komeka Adamu na makasi na kotia nzete na boyebi na malamu mpe mabe, na koyebaka ete Adamu akolia mbuma, Alingaki te kopekisa ye makasi boye. Nde bokoki komona ete Nzambe Atiaka nzete na boyebi malamu na mabe te mpona kotika Adamu alia yango to mpona komeka ye.

Kaka lolenge ekomama na Yocobo 1:13 ete, "Tika te ete moto oyo amekami aloba ete, nazali komekama na Nzambe; Mpo ete Nzabe Amekamaka na mabe te, Ye mpe Akomekaka moto te." Nzambe Amekaka moto moko te.

Bongo tina nini Nzambe Atiaka nzete na boyebi malamu mpe mabe kati na Elanga na Edeni?

Soki bokoki koyoka esengo, kobeta ntolo, to kozala na sai, ezali mpo ete boyebi oyo ezali bokeseni oyo ezali mawa, pasi, komilela. Na lolenge moko soki boyebi ete bolamu, solo, na pole ezali malamu, ezali mpo ete bomona mpe boyebi ete, mabe, bosolo te, mpe molili mizali mabe.

Soki naino bokutana na bokeseni oyo te; bokoki te koyoka kati na kitema na bino boni malamu bolingo ezali, bolamu, mpe esengo mizali ata soki boyoka kati na bongo na bino na koyokaka epai na basusu.

Ndakisa, bongo moto oyo atikala kobela te to amona moto moko na bokono te, akoki koyeba likolo na pasi? Moto oyo akoka ata te koyeba ete ezali malamu kingi na kozala na nzoto nkolongono. Lisusu, soki moto atikala kozanga eloko te, to akutana na moto na lolenge wana te, lolenge nini akoka koyeba likolo na bobola? Moto na lolenge oyo akoyoka te ete ezali malamu kozala na bozwi, ata mozwi na lolenge nini akoki kozala. Na boye, soki moto atikala koyeba bobola te, akoka te solo kopesa matondi na makanisi kowuta na mozindo na motema na ye.

Soki moto ayebi talo na makambo na motuya azali na yango te, akoyeba mpe te talo na esengo azali kosepela. Kasi soki moto ayebi pasi na bokono to mawa na bobola, akokoka kopesa matondi kati na motema na ye mona esengo eyaka na kozala nzoto malamu mpe na bozwi. Yango ezali tina Nzambe Asengelaki kotia nzete na boyebi na malamu mpe mabe.

Bongo, Adamu na Ewa, ba oyo babenganamaka na Elanga na Edeni, bamonaki bokeseni oyo mpe basososlaki bolingo mpe lipamboli oyo Nzambe Apesaka bango. Kaka wana bakokaka komona bana na solo na Nzambe oyo bayebaka talo na solo na esengo na bomoi.

Kasi, Nzambe Amemaka Adamu na nko te mpona kokende nzela wana. Adamu aponaka koboya kotosa mobeko na Nzambe na makoki ma ye moko. Na bolingo na ye moko mpe bosembo, Nzambe Abongisaka koleka na bato na nse na moi.

Mokano na Nzambe Mpona koleka na Moto na Nse na Moi

Tango bato na Elanga na Edeni babenganamaka kuna mpe babandaka kobika na mokili oyo, basengelaki komonanan na pasi na lolenge nioso lokola kolela, mawa, pasi, bokono, mpe kufa. Kasi ememaka bango bayeba esengo na solo mpe basepela bomoi na seko na Lola, mpona matondi na bango moko.

Bongo, kokomisa biso bana ba Ye na solo na nzela na koleka

na bato na nse na moi ezali kaka bolingo mpe mokano malamu na Nzambe. Baboti bakomona yango lokola kolekisa tango te tango basengeli kokolisa to tango mosusu kopamela bana na bango soki ekoki kotia bokeseni mpe kopesa elonga na bana na bango. Lisusu, soki bana bakondima na nkembo bakozwa na mikolo na liboso, bakokanga motema mpe bakolonga mikakatana mpe bipekiseli na lolenge nioso.

Na boye, soki bokokanisa na esengo ya solo bokozwa kuna na Lola, kolekisama na mokili oyo ekozala eloko na somo te to ya pasi. Kasi, bokopesa matondi mpona kozala kokoka kobika kolandana na Liloba na Nzambe mpo ete bozali kolikya na nkembo bokozwa na sima.

Bongo banani Nzambe Akomona mpenza ba bolingo ba oyo bayebi mpenza kopesa matondi sima na kolekela ba pasi mingi na mokili oyo, to bato na Elanga na Edeni ba oyo bayebi mpenza talo na oyo bazali na yango te ata siki bakobikaka na bisika kitoko mpe na kofuluka boye?

Nzambe Alekisaka Adamu, oyo abimisamaka na Elanga na Edeni mpe Alekisaka mpe bana ba ye na mokili oyo mpona kokomisa bango bana ba Ye ya solo. Tango kolekisama oyo na nse na moi ekosila mpe ba ndako mikobongisama na Lola, Nkolo Akozonga. Soki bokobika na Lola, bokozala na esengo na seko mpo ete ata bisika na nse koleka na Lola ekoki te kopimama na kitoko na Elanga na Edeni.

Bongo, bosengeli kososola mokano na Nzambe mpona koleka na bato na nse na moi mpe bobunda na kokoma bana na Ye na solo ba oyo bakosalaka kolandana na Liloba na Ye.

LOLA I

Bisika na kozela na Lola

Bakitani na Adamu, oyo atosaka Nzambe te, basengelaka kokufa mpona mbala moko, mpe na sima na wana komonana na Esambiseli Monene (Baebele 9:27). Kasi, milimo na bato mikokufaka te, nde basengeli kokenda na Lola to na lifelo.

Kasi, bakendaka Lola to lifelo mbala moko te, kasi batikalaka na bisika na kozela na Lola to na lifelo. Bongo bisika na lolenge nini ezali bisika na kozela na Lola wapi bana na Nzambe bazalaka?

Molimmo na Moto Elongwaka nzoto na ye na Suka

Tango moto akufaka, molimo ekolongwa nzoto na ye. Sima na kufa, moto nioso oyo ayeba mokano eye te akokamwa mingi na tango akomona moto na lolenge moko kotandama na nse. Ata soki azali mondimi, lolenge nini ekokamwisa sima na molimo na ye kolongwa nzoto na ye moko?

Soki bokeyi na mokili na dimension na minei kowuta na dimeension ya misato wapi bozali kobika, makambo nioso mizali mpenza na kokesana. Nzoto ekomona lokola bozali kopumbwa. Kasi bokoki te kozala na nsomi ezanga suka ata sima na molimona bino kobima na nzoto.

Kaka lolenge ndeke bebe bakoka te kopimbwa na mbala moko ata soki babotama na mapapu, bozali na bosenga na komesana bino mpenza na mokili na molimo mpe boyekola miboko.

Bongo ba oyo bakufaka na kondima kati na Yesu Christu bamonaka banje mibale ba oyo bakomemaka bango na Nkunda Likolo. Kuna bakoyekola bomoi na Lola epai na banjelu to basakoli.

Soki bokotanga Biblia, bokomona ete ezali na ba nkunda mibale. Ba tata na kondima lokola Yakobo to Yobo balobaka ete bakokenda na nkunda sima na kufa na bango (Genese 37:35; Yobo 7:9).

Kora na etuluku na ye ba oyo batelemelaka Mose, mosali na Nzambe, bakotaka kati na nkunda na bomoi (Mituya 16:33).

Luka 16 elobeli mozwi mpe mobola Lazalo na kokende na Nkunda sima na kufa na bango, mpe bosoli ete bazali na nkunda moko te. Mozwi azali mpenza konyokwama kati na moto tango Lazalo azali kopema na bisika na Abalayama na ngambo mosusu mosika.

Na lolenge oyo, ezali na nkunda mpona ba oyo babikisama mpe na loboko mosusu ezali na nkunda mosusu mpona ba oyo babikisama te. Nkunda bisika Kora na bato ba ye, mpe na mozwi basukaka ezali kati na bisika na bakufi, wapi ebengama "Nkunda na Nse," oyo ezali eteni na lifelo, kasi nkunda bisika Lazalo asukaka ezali Nkunda na Likolo oyo ezali ya Lola.

Kofanda mikolo misato kati na Nkunda na Likolo

Na ntango na boyokani na kala, ba oyo babikisamaka bazalaka kozela na Nkunda na Likolo. Wuta Abalayama, tata na bandimela, apesamelaka bokambi na Nkunda na Likolo, mobola Lazalo azali na ngambo na Abalayama na Luka 16. Kasi, sima na lisekwa na Nkolo mpe akendaka na Lola, ba oyo babikisama bakendaka na Nkunda na Likolo te, to na ngambo na Abalayama lisusu te. Bakofanda kati na Nkunda na Likolo mikolo misato nde na sima bakokenda na bisika moko na Paradiso. Yango ezali ete bakozala elongo na Nkolo na bisika na kozela na Lola.

Lolenge Yesu Alobi na Yoane 14:2, "Na ndako na Tata na Ngai bifandelo bizali mingi, soko bongo te, mbe nasili koloba na bino. Pamba te nakokenda kobongisela bino esika," Sima na lisekwa mpe konetwama na Ye na Lola, Nkolo na biso, Abanda kobongisela esika mpo na moko na moko na bandimi. Bongo, wuta Nkolo Abanda kobongisa esika mpona moko na moko na bana na Nzambe, ba oyo babikisama bafanda na Esika na Kozela na Lola, bisika moko na Paradiso.

Basusu bakoki komituna boni ba mingi na babikisami wuta kokelama bakoki kobika na Paradiso, kasi ezali na tina na komitungisa te. Ata systeme solaire bisika mokili oyo ezalaka ezali kaka mbuma moke na kopimama na Galaxy. Bongo boni monene Galaxy ezali? Kopima na Univer mobimba, galaxy ezali kaka eteni moke mingi. Bongo boni univer ezai monene?

Lisusu, ezali moko kati na ebele, nde ekoki te mpona kobanza monene na univer mobimba. Soki Univer oyo ya mosuni ekoki koza;a monene na Lolenge oyo, boni boni mokili na molio ekozala na monene na koleka?

Bisika na Kozela na Lola

Bongo, bisika na lolenge nini ezali bisika na kozela na Lola wapi bato oyo babikisama bafandaka sima na mikolo misato na komesana na mokili na molimo kati na Nkunda na Likolo?

Tango bato bamonaka bisika malamu koleka, bakomilobelaka ete, "Oyo ezali Paradiso na mokili," to "Ezali lokola Elanga na Edeni!" Kasi Elanga na Edeni ekoki kopimama na kitoko moko te na mokili oyo. Bato na Elanga na Edeni babikaka bomoi moko na kitoko, lokola ndoto mpe etondisama na esengo, kimya, mpe bolingo. Kasi, ekomonana kitoko kaka na bato na mokili oyo. Soki bokeyi na Lola, bokobwakisa likanasi lana na mbala moko.

Kaka lokola Elanga na Edeni ekoki te kopimama na mokili oyo, Lola ekoki te kopimama na Elanga na Edeni. Ezali na moboko na bokeseni kati na esengo na Elanga na Edeni oyo ezalaka na Likolo na Mibale, mpe na esengo na Bisika na Kozela na Paradiso na Likolo na Misato. Yango ezali bongo mpo ete bato kati na Elanga na Edeni bazali mpenza bana na solo na Nzambe te ba oyo mitema na bango ekolisama.

Tika napesa ndakisa mona kosunga bino bososola yango malamu. Liboso lotiliki ezala, ba koko na Koré bazalaka kosalela minda na kerozene. Minda mana mizalaka mpenza moindo na kopimama na minda na lotiliki na lelo, kasi mizalaka mpenza na motuya tango minda mizalaki te na butu. Sima na bato bayekola mpe bayeba na kosalela lotiliki, toyaka kozwa minda na lotiliki. Mpona ba oyo bamesanaka kaka komona minda na kerosene, minda na lotiliki mizalaki mpenza kokamwisa mpe bazalaki kokamwa kongala na yango.

Soki bolobi ete mabele oyo etondisami na molili makasi na mwinda moko te. Bokoki koloba ete Elanga na Edeni ezali bisika na mwinda na kerosene, mpe Lola ezali bisika wapi minda na lotiliki mizali. Kaka na lolenge mwinda ya kerosene ekesana na oyo ya lotiliki ata soki bibiangami minda, bisika na kozela na Lola ekesana mpenza na Elanga na Edeni.

Bisika na Kozela Ezwama na Suka na Paradiso

Bisika na kozela ezali na suka na Paradiso. Paradiso ezali bisika mpona ba oyo bazali na kondima ya moke koleka, mpe lisusu ezali bisika na mosika koleka na Ngende na Nzambe. Ezali mpenza bisika monene.

Ba oyo bazali kozela na suka na Paradiso bazali koyekola mayebi na molimo epai na Basakoli. Bazali koyekola likolo na Nzambe Misato, Lola, mibbeko na mokili na molimo, bongo na bongo. Monene na mayele oyo ezanga suka. Mayele yango ezanga mpenza suka, nde ezali na suka na koyekola mpe te. Kasi, koyekola makambo na molimo ezala na kolembisa te to pasi mpe te lolenge na kotanga misusu na mokili oyo. Mingi bokoyekola, mingi bokokamwa mpe bokozwa pole kati na bino,nde ekozala nioso kobakisa ngolu.

Ata na mokili oyo, ba oyo bazali na mitema petwa mpe na komikitisa bakoki kosolola na Nzambe mpe kokoma na boyebi nna molimo. Basusu kati na bato oyo bamonaka mokili na molimo mpo ete miso na bango na molimo mifungwama. Lisusu, bato misusu bakoki kososola makambo na molimo na lisungi na Molimo Mosantu. Bakoki koyekola likolo na kondima mpe mobeko na kozwa biyano na mabondeli, mpo ete ata na mokili oyo na mosuni, bakoka komona nguya na Nzambe oy ezali ya molimo.

Soki bokoki koyekola likolo na makambo na molimo mpe kokutana na makambo mana kati na mokili oyo na mosuni, bokokoma na esengo na koleka mpe na egengy mingi. Bongo, boni koleka na esengo na sai bokozala na yango soki bokokaki koyekola likolo na makambo na molimo na mozindo na bisika na Kozela na Lola!

Koyoka Sango na Mokili Oyo

Bomoi na lolenge nini bato bakosepelaka na bisika na kozela na Lola? Bakutanaka na kimya na solo mpe bakozelaka mpo na kokende na ba ndako na bango na seko kati na Lola. Bazanga eloko moko te, mpe bakosepelaka kati na esengo mpe Sai. Bakolekisaka kaka ngonga te, kasi bakokobaka na koyekoola makambo mingi epai na banje mpe na basakoli.

Kati na bango moko, ezali na bakambi ba oyo baponama

mpe babikaka na molongo. Epekisamela bango koya na mokili oyo, nde bakomitunaka tango nioso likolo na oyo esalemaka awa. Balingaka koyeba likolo na makambo na mosuni te, kasi balukaka koyeba likolo na makambo matali bokonzi na Nzambe lokola, "Boni lingomba bisika nazalaka ezali kokoba?" Boni kotambola na sango malamu na mokili mobimba?'

Nde bakosepela mingi tango bakoyoka sango na mokili oyo o nzela na baje ba oyo bakoki koya na mokili oyo, to basakoli na Yelusalema na sika.

Mbala moko Nzambe Alimbolela ngai likolo na bandimi na biso oyo bazali na bisika na kozela na Paradiso. Bazali kobondela na bisika na kokabwana mpe bazali kozela koyoka ba sango na lingomba na ngai. Basepelaka mingi na mosala epesama na lingomba oyo, yango ezali sango malamu na mokili mobimba mpe kotonga Grand Sanctuaire. Batondisamaka na esengo mingi soki bayoki sango na malamu. Nde na tango bakoyoka sango na kopesa Nzambe matondi na nzela na ba croisade na mikili na bapaya, bakosepela mpe bakosalela yango feti.

Na lolenge oyo, bato na bisika na kozela na Lola bazali kolekisa tango na esengo mpe na kosepela, ba tango misusu bakoyoka ba sango na mokili oyo.

Ordre Makasi na Bisika na Kozela na Lola

Bato na bitape ekesana kati na kondima ba oyo bakokota na bisika na kokesana kuna na Lola sima na esambiseli, bango nioso bakofanda na Bisika na Kozela na Lola, kasi molongo ekotikala lolenge esengeli. Ba oyo na kondima moke bakotalisa kondima na bango epai na ba oyo na kondima monene na kokitisela bango mitu. Molongo na molimo ekatemalaka na ebonga na mokili oyo te, kasi na monene na kobulisama na bango mpe bosembo na misala oyo Nzambe Apesa bango.

Na lolenge oyo, molongo ekobatelama malamu mpo ete Nzambe na bosembo Azali kokonza Lola mobimba. Wuta molongo etalisamaka kolandana na kongenga na ba Pole, monene na bolamu, mpe monene na bolingo na mondimi moko na moko, moto moko te akoki komilela. Na Lola, bato nioso bakotosaka molongo na molimo mpo ete mabe ezali na makanisi na babikisami te.

Kasi, kasi molongo oyo mpe kokesana na Nkembo oyo elakisi te komema botosi na makasi. Ewutaka kaka na bolingo mpe botosi na mitema solo mpenza. Bongo, na bisika na kozela na Lola, batosoka ba oyo nioso bazali likolo na bango na motema mpe bakotalisa limemia na kokitisela bango mitu, mpo bazali komona bokeseni na molimo.

4. Bato oyo Babikaka na Bisika na Kozela Te

Bato nioso, ba oyo bakokota na bisika na bango sima na mokolo na esambiseli, bazali sik'awa kobika na Bisika na Kozela na suka na Paradiso na Lola. Kasi ezali, na bokeseni. Ba oyo basengeli kokenda na Yelusalema na Sika, bisika na kitoko koleka na Lola, bakokende mbala moko kati na Yelusalema ya Sika mpe kosunga misala na Nzambe. Bato na lolenge oyo, ba oyo bazali na motema na Nzambe oyo ezali petwa mpe kitoko lokola kulusatala, bazali kobika kati na bolingo mpe bokambi mpenza na Nzambe.

Bakosunga Misala Na Nzambe na Yelusalema na Sika

Bisika wapi ba tata na biso na kondima, babulisama mpe na bosembo na ndako nioso na Nzambe, lokola Eliya, Enoki, Abalayama, Mose, mpe Ntoma Polo, bazali kobika sasaipi? Ezali bango kobika na suka na Paradiso, bisika na kozela na Lola? Soko te. Mpo ete bato oyo babulisama mpenza mpe mpe bakokani mpenza na motema na Nzambe, bazali kati na Yelusalema na Sika. Kasi, mpo ete esambiseli naino esalemi te, bakoki te kokota na bandako oyo ekozala mpona bango mpona libela.

Bongo wapi na Yelusalema na sika bazali kobika? Na Yelusalema ya Sika, oyo ezali na ba kilometre ntuku mibale na minei na mokama na molayi, monene, mpe na likolo, ezali na ba espace mibale na ba dimension mikesana. Ezali na bisika mpona Ngwende na Nzambe, bisika misusu bipai wapi bandako mizali kotongama, mpe bisika misusu wapi ba tata na biso kati na kondima ba oyo basila kokota kati na Yelusalema na sika bazali kosala elongo na Nkolo.

Ba tata na biso na kondima basi bazali kati na Yelusalema ya Sika mpe bazali kolikya mokolo oyo bakokota bisika na bango na seko, tango bazali kosunga na misala na Nzambe elongo na Nkolo mpona kobongisa bisika na biso. Bazali kolikya mpenza mpona kokota na ba ndako na bango na seko mpo ete bakoki kokota kuna kaka tango Yesu Christu Akozonga na mipepe, elambo na Mbula Sambo, mpe Bokonzi na mbula Nkoto na mokili oyo.

Ntoma Polo, oyo atondisamaka na elikya na Lola, atatolaki boye na 2 Timote 4:7-8.

"Nasili kobunda etumba malamu, nasilisi nzela na kotambola, nasili kobatela kondimana. Longwa na sasaipi motole na boyengebene ebombami mpona ngai oyo Nkolo, Mosambisi na sembo, Akopesa ngai na mokolo yango, nde bobele na ngai te kasi na bango nioso basili kolinga komonana na Ye."

Ba oyo bazali kobunda etumba malamu mpe bazali kolikya kozonga na Nkolo bazali na elikya na solo mpona bisika mpe lifuti na Lola. Kondima na lolenge oyo mpe elikya ekoki komata soki boyebi mingi likolo na mokili na molimo, yango tina nazali kolimbola likolo na Lola na mozindo.

Elanga na Edeni na Likolo na Mibale to bisika na kozela na Likolo na Misato mileki bisika nioso na mokili oyo na kitoko, Kasi ata bisika yango mikoki te kopimama na Nkembo mpe kongenga na Yelusalema ya Sika bisika Ngwende na Nzambe Ezali.

Bongo, nabondeli na Nkombo na Nkolo ete boko kima kaka te na nzela na Yelusalema na Sika na kondima mpe elikya na ntoma Polo te, kasi mpe bomema milimo mingi na nzela na lobiko na kopanza Sango Malamu ata soki mosala esengi kopesa bomoi na bino.

Chapitre 3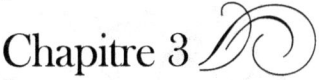

Elambo na Libala na Mbula Sambo

1. Kozonga Na Nkolo mpe Elambo na Libala na Mbula Sambo
2. Bokonzi na Nkoto moko
3. Lifuti na Lola Sima na mokolo na Esambiseli

*Baoyo babimi na lisekwa na liboso bazali na esengo,
mpe bazali basanto.
Kufa na mibale ezali na nguya na likolo na bango te,
kasi bakozala bakonzi esika moko na ye mbula nkoto.*

- Emoniseli 20:6 -

Liboso na bino bozwa lifuti na bino mpe bobanda bomoi na seko na Lola, bokoleka na nzela na esambiseli na Ngwende na Pembe. Liboso na mokolo na esambiseli Monene, ekozala na bozongi na mibale na Nkolo na Mipepe, elambo na libala na mbula sambo, Bozongi na Nkolo na mokili, mpe bokonzi na Nkoto moko.

Bongo, ba oyo bazali kondimela bozongi na mibale na Nkolo mpe bakolikya komonana na Ye, Ye oyo Azali mobali na biso na libala, bakotala elambo na libala na mbula sambo mpe bokonzi na mbula Nkoto. Liloba na Nzambe oyo ekomama kati na Biblia ezali solo mpe masakoli nioso mikokisami lelo.

Bosengeli kozala bandimi na mayele mpe bomeka oyo esengeli na bino mpona komibongisa lokola basi ba Ye, na kososolaka ete bozali naino na mpongi mpe bozali kobika lolenge Liloba na Nzambe te, mokolo Nkolo Akoya lokola moyibi mpe bokokweya kati na kufa. Tika totala na mozindo makambo na nkamwa nini bana na Nzambe bakokutana na yango liboso na bango bakende na Lola oyo ezali petwa mpe kitoko lokola kulusatala.

1. Bozongi na Nkolo mpe Mbula Sambo na Elambo na Libala

Ntoma Polo akomi na Baloma 10:9 ete, "Soko okoyambola na bibebo na yo ete Yesu Azali Nkolo, mpe soko okondima na motema na yo ete Nzambe Asekwisi Ye na bakufi, okobika." Mpona kozwa lobiko, bosengeli kaka koyambola te ete Yesu Azali Mobikisi na bino kasi mpe lisusu bondima kati na mitema na bino ete Akufa mpe asekwa kati na bawa.

Soki bokondima na lisekwa na Yesu te, bokoki te kondimela na lisekwa na bino moko oyo ekoya na bozongi na Nkolo.

Bokokoka mpe te kondimela bozoongi na Nkolo mpenza. Soki bokoki te kondimela bozali na Lola mpe na lifelo, nde bokoka te kozwa makasi na kobika kolandana na Liloba na Nzambe, mpe bokozwa lobiko te.

Tina mpenza na Bokristu

Elobi na 1 Bakolinti 15:16 ete, "Soko tozali kolikya na Kristu bobele na bomoi oyo, tozali bato koleka bato nioso na mawa." Bana ba Nzambe, na bokeseni na bapagana na mokili, bayaka na ndako na Nzambe, bakotaka mayangani, mpe basalelaka Nkolo na ba lolenge mingi na eyenga nioso. Mpona kobika kolandana na Liloba na Nzambe, bamesana kokila, mpe kobondela makasi na kati na ndako na Nzambena tongo tongo to na butu makasi ata soki bakolinga tango mosusu kopemisa nzoto.

Lisusu, balukaka lifuti na bango moko te, kasi bazali kosalela basusu mpe bakomikaba mbeka bango moko mpona bokonzi na Nzambe. Tala tina soko Lola ezalaka te, bayengebene basengelaka kozala bato na mawa koleka. Kasi, yango ezali mpenza solo ete Nkolo Azali kozonga mpo na kokamata bino na Lola, mpe Azali kobongisa bisika malamu mpona bino. Akofuta bino kolandana na oyo bosalaki na mokili oyo.

Yesu Alobi na Matai 16:27 ete, "Pamba te ekoki na Muana na Moto ete Aya na Nkembo na Tata na Ye esika moko na banje na Ye mpe na tango yango Akopesa moto na moto libonza kobila misala ma ye." Awa kopesa libonza kolandana na misala ma ye" elakisi te kaka kokenda soko na Lola to na lifelo. Ata kati na bandimi ba oyo bakokenda na Lola, lifuti mpe Nkembo ekopesamela bango ekesanaka kolandana na lolenge kani babikaka kati na mokili oyo.

Basusu bayokaka mpe bakobangaka ete Nkolo Azali kozonga

na kala te. Kasi, soki mpenza bolingaka Nkolo mpe bokolikya Lola, esengeli na bino bolikya mpe bozela kokutana na Nkolo na kala te. Soki bokotatola na bibebu na bino, "Nalingi Yo, Nkolo," kasi kosepela te mpe ata kobanga ete Nkolo Azali kozonga na kala te, ekoki te kolobama ete bozali na bolingo na Nkolo.

Bongo, bosengeli koyamba Nkolo mobali na bino na libala na esengo na kotalaka liboso na bozongo na Ye kati na mitema na bino mpe bomilengela bino mpenza lokola basi na libala.

Bozongi na Nkolo na Mipepe

Ekomama na 1 Batesaloniki 4:16-17, "Mpo ete Nkolo Ye moko Akokita longwa na Likolo nq konganga makasi mpe na mongongo na mokolo na banjempe na kobeta na mondule na Nzambe, mpe bakufi kati na Kristu bakosekwa liboso. Na nsima biso bato na bomoi baoyo totikali, tokonetwa kati na mapata mpona kozuana na Nkolo kati na mopepe esika moko na bango. Mpe bongo tokozala esika moko na Nkolo."

Tango Nkolo Akoya lisusu na mopepe, moko na moko na bana na Nzambe akombongwana na nzoto na molimo mpe akokamatama na mopepe mpona koyamba Nkolo. Ezali na bato misusu oyo babikisama mpe bakufa. Ba nzoto na bango mikundama kasi milimo na bango mizali kozela na Paradiso. Tolobelaka bato eye lokola balali kati na Nkolo." Milimo na bango mikosangana na banzoto na bango na molimo miye mimbongwanaki na banzoto na bango na kala miye mikundamaka. Bakolandana na ba oyo bakoyamba Nkolo na kozanga komona kufa, kombongwana na banzoto na molimo, mpe bakokamatama na mopepe.

Nkolo Akosalisa Elambo na Libala na Mopepe

Na tango na bozongi na Nkolo na mopepe, moto nioso oyo abikisama wuta tango na kokela akoyamba Nkolo lokola mobali na libala. Na tango wana, Nzambe Akobanda Elambo na Libala na Mbula Sambo mpona kosepelisa bana ba Ye ba oyo babikisami o nzela na kondima. Bakozwa solo na sima lifuti na Lola mpona misala na bango. Kasi sasaipi, Nzambe Asili kosalisa Elambo na mopepe mpona ko consoler bana ba Ye.

Ndakisa, soki general azongi na kolonga etumba monene, nini mokonzi akosala? Akopesa general mabonza mingi mpona misala ma ye minene. Mokonzi akoki kopesa ye ndako, mabele, misolo na mabonza, mpe lisusu kosalela ye feti lokola lifuti na misala ma ye. Na lolenge moko Nzambe Akopesa ba ndako mpe mabonza na lolenge na lolenge na Lola sima na mokolo na esambiseli na suka kasi na liboso na wana, Akosalisa mpe Elambo na Libala mpona mpona kosepelisa bana ba Ye mpe bakabola bolingo na bango. Ata soki oyo moko na moko asalaka na mokili oyo mpona bokonzi na likolo kati na mokili oyo ekesani, Akosalisa Elambo ata mpo ete bango babikisami.

Bongo, Mopepe ezali wapi bisika Elambo na Libala na mbula sambo ekosalema? Mopepe awa elingi te kolakisa mapata oyo yomonaka na miso na biso na mosuni. Soki opepe yango ezalaka kaka mapata oyo bomonaka na miso na bino, ba oyo nioso babiki basengeli kozala na Elambo koteka tepa na na mapata. Lisusu, esengeli kozala na bato mingi ba oyo babikisama wuta kokela, mpe bango nioso bakoki te kofanda na mapata oyo na mokili oyo.

"Mopepe" Ezali na Likolo na Mibale

Baefese 2:2 elobeli tango "Wana etambolaki bino kati na yango kobila nzela na mokili oyo, kobila mokolo na nguya na mopepe, Molimo yango azali sasaipi kosalla mosala kati na bana na nkanda." Nde "mopepe" ezali mpe bisika wapi milimo mabe bazali na nguya.

Kasi, bisika wapi Elambo na Libala na Mbula Sambo ekozala na bisika wapi milimo mabe bazali mizali bisika moko te. Tina ete elobeli moko na mopepe elobelami na yango mibale ezali mpo ete bisika yango ezali na Likolo na Mibale. Kasi, ata Likolo na Mibale ezali esika moko te, kasi, ekabolama na bisika na bisika. Bongo bisika wapi Elambo na Libala ekosalema mpe bisika wapi milimo mabe bazali ekabolama.

Nzambe Asalaka mokili na molimo na sika ebiangama Likolo na Mibale na kozwaka eteni na mokili mobimba na molimo. Bongo, akabolaka yango na bisika mibale. Moko ezali Edeni, oyo ezali esika na pole oyo ezali na Nzambe, mpe mosusu ezali bisika na molili oyo Nzambe Apesa na milimo mabe.

Nzambe Asalaka Elanga na Edeni, bisika wapi Adamu akofanda kino tango koleka na bato na nse na moi ekobanda. Yango ezali na ebimeli na moi na Edeni. Nzambe Azwaka Adamu mpe Atiaka ye na Elanga oyo.

Bisika na Elambo na Libala na Mbula Sambo

Bongo, bisika nini Elambo na Libala na Mbula Sambo ekosalema? Elanga na Edeni ezali kaka eteni na Edeni, mpe ezali na bisika mingi na Edeni. Na moko na bisika yango Nzambe Abongisa ekika mpona Elambo na Libala na Mbula Sambo.

Bisika wapi Elambo na Libala na mbula Sambo ekosalema eleki Elanga na Edeni na Kitoko. Ezali na bafololo kitoko mpenza mpe ba nzete. Ba Pole na ba langi ebele mikongala makasi, mpe nature kitoko na bopeto na kolimbola te ezingi bisika.

Lisusu, ezali mpenza kitoko mpo ete ba oyo babikisama wuta kokelama na mokili bakozala na elambo elongo. Ezali na Chateau na monene makasi mpenza awa, mpe yango ezali monene ekoka mpona bato nioso oyo babiangami na Elambo kokota. Elambo ekosalema kati na chateau oyo, mpe ekoza;a na ba tango kitoko mpenza na kobanza ata te. Sik'awa, nakolinga kobiangisa bino kati na chateau oyo mpona Elambo na Libala na Mbula Sambo. Nakolikya ete bokoka koyoka esengo na kozala muasi na libala na Nkolo.

Kokutana na Nkolo na bisika na Pole Makasi mpe Kitoko

Na tango bokomi na kati na ndako na Elambo, bokoyoka mpenza ndako na kongala na na ba Pole makasi oyo botikala komona te. Bokoyoka lokola ba nzoto na bino mizalaki pepele koleka masala na ndeke. Tango bokokita na pete na matiti na langi na pondu, zinga zinga oyo ekokaki komonana na ebandeli te mpona kongala makasi na pole ebandi komonana na miso na bino, Bokomona Likolo na Libeke na polele mpe na petwa na lolenge ekoki kongalisa miso na bino. Libeke oyo ezali kongala na lolenge mabanga na talo mingalisaka ba langi na yango kitoko na tango nioso mai mikoninganaka.

Bisika nioso mitondisama na ba fololo mpe ba nzete na langi na pondu mizingi esika nioso. Ba fololo mizali koningana liboso mpe kozonga sima na lokola mizalaki kopepa bino mpe bokoki koyoka solo na malasi na makasi, oyo botikala koyoka te. Kala te ba ndeke na ba langi langi bakoya kotombela bino boyei malamu na banzembo na bango. Kati na libeke, oyo epetolama na lolenge oyo bokoki komona biloko na kati na yango, ba mbisi kitoko mingi bakobimisa mitu na bango mpona koyamba bino.

Ata matiti na bisika bokotelema ezali sembe sembe lokola cotton. Mopepe oyo ezali koningisa elamba na bino na pete ekozipa bino malamu. Na ngonga wana, pole makasi ekomonana na miso na bino mpe bokomona moto moko kotelema na kati na yango.

Nkolo Akoyamba bino, Nakoloba ete, "Muasi na ngai na libala, Nalingi yo"

Na esekeli malamu na elongi na Ye, Akobenga bino mpo ete boya pembeni na Ye na maboko ma Ye polele. Tango bokokende epai na Ye, elongi na Ye ekokoma na komonana. Bokomona elongi na Ye mpona mbala liboso, kasi boyebi malamu nani Ye Azali. Ezali Nkolo Yesu, mobali na bini na libala, oyo bolingaka mpe bozalaka kozeela wuta kala. Na ngonga oyo, mpinzoli ebandi kotanga na matama na bino. Bokoka te kopekisa kotanga na mpinzoli na bino mpo ete bokokanisa tango oyo bolekaka na nse na mokili oyo.

Bozali sik'awa komona Nkolo oyo kolonga mpona Ye na ba tango na pasi mpe na tango bakutanaka na minyoko mpe mimekano mingi. Nkolo Akoya na bino, koyamba bino na ntolo na Ye, mpe koloba na bino ete, "Muasi na Ngai na Libala, nazalaka kozela mokolo oyo. Nalingi bino."

Nakoyoka oyo ata mpinzoli mingi ekotanga. Bongo Nkolo na malembe Akokawusa mpe Akoyamba bino makasi koleka. Tango bokotala na miso ma Ye, bokoka koyoka motema na Ye. "Nayebi nioso likolo na bino. Nayebi mpinzoli na bino nioso mpe pasi. Kuna ekozala kaka na kosepela mpe na esengo.

Mpona tango boni bozalaka kolikya ngonga oyo? Tango bozali na maboko ma Ye, bozali na kimya eleki, mpe sai na kotondisama ezingi nzoto mobimba.

Sik'awa, bokoka koyoka lolaka mozindo, na pete, mpe kitko na masanjoli. Bongo, Nkolo Akokamata loboko na bino mpe Akomema bino na bisika wapi masanjoli ekowuta.

Ndako na Elambo na Libala Etondisama na Ba Pole na ba langi na langi

Ngonga moko na sima, bokomona chateau kongala kitoko mpe bonzenga. Tango botelemi na liboso na ekuke na Chateau, ekofungwama malembe mpe pole makasi na chateau mikotalisama. Tango bokokota na kati elongo na Nkolo lokola bobendamaki kati na pole kowuta na kati, ezali na ndako moko na monene mpenza été bokoka komona suka na yango te. Ndako ebongisama na na makambo malamu mpe biloko, mpe etondisama na ba Pole na ba langi langi mingi kongala makasi.

Makele na masanjoli ekomi sik'awa koyokana malamu, mpe ekokende bisika nioso na ndako. Na suka, Nkolo Akobandisa Elambo na Libala na mongongo makasi. Elambo na Libala na Mbula Sambo ebandi, mpe ekomonana lokola makambo mazali kosalema na ndoto na bino.

Bozali koyoka esengo na ngonga oyo? Ya solo, moto nioso te oyo azali kati na elambo akoka kozala na Nkolo na lolenge oyo. Kaka ba oyo bakoki bakokoka kolanda Ye na pene pene mpe bayambama na Ye.

Bongo, bosengeli komibongisa lokola basi na libala mpe bokota kati na Bonzambe. Ata, soki bato nioso bakoka kosimba loboko na Nkolo te, bakoyoka esengo na Lolenge moko mpe kotondisama.

Kosepela Ba Tango na Esengo na Koyemba mpe na Mabina

Tango Elambo na Libala ekobanda, bokoyemba mpe kobina elongo na Nkolo, na konetolaka nkombo na Nzambe Tata. Bokobina elongo na Nkolo, kolobelaka tango bozalaka na mokili oyo, to likolo na Lola bisika wapi bokokende kobika.

Bokolobela mpe likolo na bolingo na na Nzambe Tata mpe kopesa Ye Nkembo. Bokoki kozala na masolo kitoko na bato ba oyo bolinga kozala na bango mpona tango molayi.

Na lolenge bozali kosepela na ba mbuma miye mizali kopanzana na monoko na bino, mpe komela Mai na Bomoi oyo ewutaka na Ngwende na Tata, Elambo ezali kokoba malamu. Bosengeli te kofanda kati na Chateau mpona tango nioso na mbula sambo. Ngonga na ngonga, bokobima na libanda na château mpe bokolekisa ba ngonga na esengo.

Bongo nini na makambo na esengo ezali kozela bino libanda na chateau? Bokoki kozala na tango na kosepela mokili kitoko na libanda na kokomaka baninga na ba nzete, bafololo, mpe bandeke. Bokoki kotambola na ba bino ba bolingo na ba nzela mibongisama na ba fololo kitoko mingi, kosolola na bango, mpe na tango misusu kosanjola Nkolo na ba nzembo na mabina. Lisusu ezali na makambo mingi oyo bokoki kolinga na bisika na etanndo monene. Ndakisa bato bakoki kokende na kotumolana mbwatu na ba bolingo na bango, to na Nkolo Ye moko. Bokoki kokende kosukola na libeke, to kosepela makambo mingi oyo misepelisaka to mimekano. Makambo mingi maye mapesaka bino esengo ezanga suka mpe sai mikopesama na bolingo mpe bokambi malamu na Nzambe.

Kati na ba mbula Sambo na Elambo na Libala mwinda moko

ekobomana te. Ya solo, Edeni ezali Esika na Pole mpe butu kuna ezalaka te. Na Edeni, bozali na bosenga na kolalal te mpe na koluka kolala na lolenge bokosalaka na mokili oyo. Ata mbala boni bokosepelaka, bokotikala kolemba te, kutu bokokoba na kozwa esengo mpe na kosepelaka.

Yango ezali tina bozali koyoka boleki na tango te, mpe mbula Sambo Mikoleka lokola mikolo sambo, to ata ngonga sambo. Ata soki baboti na bino, bana na bino, to mpe bandeko na bino, ba oyo batikalaki mpe bazali konyokwama na mbula sambo na monyoko makasi, tango ekoleka mpenza noki na esengo ete bokoka ata kokanisa bango te.

Kopesaka Matondi Mingi Mpo na Kobikisama

Bato na Elanga na Edeni mpe ba oyo babiangami na Elambo na Libela bakoki komonana, kasi bakoki te kokutana. Mpe lisusu milimo mabe bakoki komona Elambo na Libala mpe bokoki mpe komona bango lokola. Ya solo ba oyo mabe, bakoki ata kobanza na kopusana na pembeni na esika na Elambo, kasi bokokoka komona bango. Nakomonaka Elambo mpe esengo na Babiangami milimo mabe bakonyokwana na pasi monene. Mpona bango, kozanga komema moto moko na lifelo mpe kotika bango na Nzambe lokola bana ba Ye ezali pasi eleki motuya.

Na loboko mosusu, na kotala kaka milimo mabe, bokokanisa lolenge nini bameka kolia bino lokola nkosi konguluma na tango bozalaka koleka na mokili oyo.

Na bongo, bokopesa matondi na koleka mpo na ngolu epai na Nzambe Tata, Nkolo na Molimo Mosantu oyo Babatelaki bino na nguya na molili mpe bamemaki bino bokoma bana na Nzambe. Lisusu, bokopesa matondi mingi na ba oyo basungaki bino na kokende na nzela na bomoi.

Bongo Elambo na Mbula Sambo ezali kakangona na kopema te mpe na koyoka malamu na ba pasi na kolekela nna nse na moi, kasi mpe lisusu tango na kokanisa ba ngonga na mokili oyo mpe na kopesa matondi eleka mpona bolingo na Nzambe.

Bokanisa mpe likolo na bomoi na seko na Lola oyo ekozala malamu koleka Elambo na Libala na Mbula Sambo. Esengo na Lola ekoki te kopimama na Elambo na Mbula Sambo na Libala.

Mbula Sambo na Monyoko Monene

Na tango Elambo na esengo na libala ezali kosalema na mopepe, mbula sambo na monyoko makasi ekosalema na mokili oyo. Kolandana na monene na monyoko oyo ezala te mpe ekotikala kozala te, mingi na mokili ekobeba mpe ba mingi na ba oyo batikalaka bakokufa.

Ya solo, basusu kati na bango babikisami na oyo ebengami "libiki na soni." Ezali na mingi batikali na mokili oyo na sima Bozongi na Nkolo mpo ete bandimaka ata moke te, to bandimaka malamu te. Kasi, tango bayamboli kati na Monyoko Monene na mbula sambo mpe bakomi babomami, bakoka kobika. Yango ebengami Lobiko na soni."

Kokoma mobomami na tango na Mbula Sambo na Monyoko Monene, mpe, ezali pete te. Ata soki bazwi ekateli na kokoma babomami na ebandeli, mingi kati na bango bakosuka na kowangana Nkolo mpona somo na monyoko mpe kotungisama mikopesama na moyini na Christu ba oyo bakomema bango na maksi mpona kozwa elembo na "666".

Tango mosusu soki moto alongi na minyoko, ezali lisusu pasi koleka na kotalaka bandeko ba bino ba bolingo konyokwama. Tala tina ezali pasi mingi mpona kobika na "lobiko oyo na soni." Lisusu, mpo ete bato bakoki te kozwa lisungi moko te na Molimo Mosantu na tango oyo, ezali lisusu pasi koleka kobatela kondima.

Bongo, Nakolikya ete moko te na batangi akokutana na Monyoko Monene na Mbula Sambo. Tina nini nazali kolimbola Monyoko Monene na mbula sambo ezali mpona kososolisa bino ete makambo makomama kati na Biblia likolo na suka na tango ezali mpe ekokokisama na lolenge esengeli mpenza.

Tina mosusu ezali mpe mpona ba oyo bakotikala kati na mokili oyo sima na bana na Nzambe kokamatama na mopepe. Tango bandimi na solo bakokende na mopepe mpe bakozala na Elambo na Libala na Mbula Sambo, Mbula sambo na mawa na Monyoko Makasi ekosalama na mokili oyo.

Babomami Bakozwa "Lobiko na Soni"

Sima na Nkolo kozonga na Mopepe, ekozala na misusu ba oyo bakotubela na kondima na bango malonga te na Yesu Christu kati na bato oyo banetwami na mopepe te.

Nini ekomema bango na lobiko na sooni ezali Liloba na Nzambe eteyama na egelesia oyo etalisaka misala na Nzambe na Nguya makasi na suka na tango. Bakoyeba lolenge kani basengeli kobika, makambo nini makosalema, mpe lolenge nini basengeli kosala na makambo na mokili maye masakolama o nzela na Liloba na Nzambe.

Bongo ekozala na bato oyo bakotubela mpenza liboso na Nzambe mpe bakobika na kokoma babomami. Yango ebengami "lobiko na soni." Ya solo, kati na bato wana ezali ba Yisalele. Bakoya na kooyeba likolo na "Sango na Ekulusu" mpe bakososola Yesu, oyo basosolaka te lokola Mesia, ete Azali mpenza Muana na Nzambe mpe Mobikisi na bato nioso. Bongo bakotubela mpe bakozala eteni na "Lobiko na Soni." Bakosangana mpona kokolisa kondima na bango elongo, mpe basusu bakoya na kososola motema na Nzambe mpe bakokoma babomami mpona kobika.

Na lolenge oyo, makomi maye mazali kolimbola Liloba na Nzambe malamu mizali kaka kosunga te kasi mpe kokolisa bondima na bandimi mingi, kasi mizali mpe na motuya makasi mpona ba oyo bakamatami na mopepe te. Bongo, bosengeli kososola bolingo na nkamwa na Nzambe, oyo Apesa nioso mpona ba oyo bakobikisama ata sima na bozongi na Nkolo na mopepe.

Bokonzi na Mbula Nkoto

Basi na Libala ba oyo basilisi Elambo na Mbula Sambo bakokita na mokili oyo mpe bakokonza elongo na Nkolo mpona mbula nkoto moko (Emoniseli 20:4). Tango Nkolo Akozonga kati na mokili oyo, Akopetola yango. Akopetola liboso mopepe mpe akozongisa mokili mobimba kitoko.

Kokende Kotala Bisika Nioso na Mabele na Sika oyo Epetolami

Kaka lolennge babalani na sika bakendaka na mobembo na bolingo, bokokende na mobembo elongo na Nkolo Mobali na bino na libala na tango na Bokonzi na Nkoto moko sima na Elambo na Libala na Mbula Sambo. Bisika nini boni, bokolinga komona mingi?

Bana na Nzambe, babalani na Nkolo, bakolinga kotala mabele na bisika na bisika mpo ete basengeli kotika yango na kala te.Nzambe Akomema biloko nioso lokola mabele bisika wapi koleka na bato na nse na moi esalemaka, mpi, na sanza na na bisika mosusu sima na Bokonzi na mbula nkoto moko.

Bongo, sima na Elambo na Mbula Sambo na Libala, Nzambe Tata akobongisa mokili malamu mpe Akotika bino bokonza kati na yango mpona ba mbula sambo elongo na Nkolo liboso na Ye kotia yango esika mosusu. Yango ezali mokano na Ye na kala tango Nzambe Akelaka makambo nioso na mikolo motoba mpe Apemaka o mokolo na Sambo. Ezali mpe mpona bino boyoka mabe te na kotika bino bokonza nelongo na Nkolo mbula nkoto. Bokosepela na tango malamu na bokonzi elongo na Nkolo na mabele oyo kitoko ezongisami sika. Na kotalaka bisika nioso miye bokokaka te tango bozalaka kobika kati na mokili oyo, bokoka koyoka esengo mpe sai oyo botikala te koyoka liboso.

Kokonza Mbula Nkoto Moko

Na tango oyo, moyini Satana na zabolo bazali te. Kaka lolenge na bomoi kati na Elanga na Edeni, ekozala kaka na kimya mpe kopema na bisika oyo malamu. Lisusu, ba oyo babikisami na Nkolo bakobika kati na mokili oyo, kasi bakobika elongo na bato na mosuni te ba oyo babiki Monyoko Monene. Babikisami elongo na Nkolo bakozala na bisika mosusu lokola Chateau na mokonzi monene na mboka. Na lolenge mosusu, bato na molimo bakobika kati na ndako (chateau) mpe bato na mosuni o libanda na yango, mpo ete nzoto na molimo na oyo na mosuni bikoki te kobika bisika moko.

Bato na molimo basi ba mbongwani na ba nzoto na molimo mpe bazali na bomoi na seko. Nde bakoki kobika na koyokaka solo lokola na ba fololo, kasi ba tango misusu bakoki mpe kolia na bato na mosuni tango bazali elongo. Kasi, ata soki balei, bakoluka nzongo te lolenge na bato na mosuni. Ata soki balei bilei na mosuni, bakopanza yango na mopepe o nzela na mpema.

Bato na mosuni bakomipesa na kokoma ebele mpo ete ezali na babikisami mingi te na Monyoko Monene na Mbula Sambo. Na Tango oyo, bokono to mabe mikozala te mpo ete mopepe epetolami, mpe moyini Satana na zabolo bakozala kuna te. Mpo ete moyini Satana na zabolo bakambi na mabe bakangemi na libulu lizanga suka, Abime, bozangi bosembo mpe mabe kati na mitema na bato mikotalisama te (Emoniseli 20:3). Lisusu, mpo ete kufa ezali te mokili ekotonda lisusu na bato ebele.

Bongo, nini bato na mosuni bakolia? Na tango Adamu na Ewa bazalaka kobika kati na Elanga na Edeni, baliaka kaka ba mbuma na ndunda ebotaka mbuma (Genese 1:29). Sima na Adamu na Ewa koboya kotosa Nzambe mpe kobenganana na Elanga na Edeni, babandaka kolia ndunda na mokili (Genese 3:18). Sima na Mpela na Noa, mokili ekomaka mabe koleka mpe Nzambe Andimelaka bato balia misuni. Bokoki komona ete mabe mokili ezali kokoma ezali bilei na bango kokoma mabe na koleka.

Na tango na bokonzi na mbula nkoto, bato bakolia ndunda na mabele to mbuma na banzete. Bakolia mosuni moko te, kaka na lolenge bato liboso na mpela na Noah bazalaki, mpo ete mabe ekozala te, mpe koboma ekozala te. Lisusu, mpo ete makambo nioso mikobebisama na bitumba kati na Monyoko Monene, bakozongela lolenge na kobika lokola na kala kala mpe bakokoma ebele na mokili oyo Nkolo Azongisi sika. Bakobandela sika na mokili epetolama, oyo ebebisami te, na kimya, mpe kitoko.

Lisusu, ata soki bakolisaka lolenge na kobika liboso na Monyoko Monene mpe bazalaka na boyebi, lolenge na kobika na lelo ekoki te kokokisama na ba mbula nkama to nkama mibale.

Kasi, na koleka na tango mpe na lolenge bato bakosangisa mayele na bango, bakoka kokokisa lolenge na kobika na lelo na suka na bokonzi na mbula nkoto.

3. Libonza na Lola Sima na Mokolo na Esambiseli

Sima na bokonzi na mbula Nkoto, Nzambe Akobimisa mpona tango moke moyini Satana mpe Zabolo ba oyo bakangemaki kati na libulu ezanga suka, na Abime (Emoniseli 20:1-3). Ata soki Nkolo Ye moko Azali kokonza na mokili mpona kokamba bato na mosuni ba oyo babikaki na Monyoko Monene mpe bakitani na bango na lobiko na seko, kondima na bango ezali solo te. Nde, Nzambe Akotika moyini Satana na zabolo bameka bango.

Mingi na bato na molimo bakokosama na moyini zabolo mpe bakokenda na nzela na libebi (Emoniseli 20:8). Nde bato na Nzambe bakososola lisusu tina Nzambe Asengelaki na kosala lifelo mpe bolingo monene na Nzambe oyo Alingi kozwa bana na solo na nzela na koleka na bato na nse na moi.

Milimo mabe miye mibimisamaki mpo na tango moke bakozongisama lisusu na libulu ezanga suka, mpe esambiseli monene na Ngwende na Pembe ekosalema (Emoniseli 20:12). Bongo, lolenge nini esambiseli monene na Ngwende Monene na Pembe ekosalema?

Nzambe Akokamba likolo na Esambiseli na Ngwende na Pembe

Na sanza sambo na 1982, tango nazalaka kati na mabondeli

mpona kobanda na egelesia, nayaka koyeba likolo na Esambiseli Monene na Ngwende na Pembe na mozindo. Nzambe Atalisaka ngai eteni na bisika Azali kosambisa bato nioso. Liboso na Ngwende na Nzambe Tata, etelemaki Nkolo na Mose, mpe zinga zinga na Ngwende ezalaki na bato na mosala na ba juré:

Na bokeseni na ba zuzi na mokili oyo, Nzambe Azali ya kokoka mpe amikosaka te. Kasi, Azali kosambisa elongo na Nkolo oyo Azali mokoteli na bolingo, Mose lokola moto na mobeko, mpe bato misusu lokola bato na jury. Emoniseli 20:11-15 etalisi mpenza lolenge nini Nzambe Akosambisa.

Namonaki kiti na bokonzi mpembe monene, na Mofandi na yango. Mokili na likolo ikimaki elongi na Ye, mpe izuami te. Namoni mpe bakufi, minene na mike, batelemi na liboso na kiti na bokonzi, mpe buku ifungolami, oyo buku na bomoi. Bakufi basambisami na makambo komonama na buku yango, na motindo na misala na bango. Mai monene ezongisi bakufi na kati na yango; Kufa na ewelo ezongisi bakufi na kati na yango, basambisami moto na motindo na misala na ye, moto na motindo na mosala na ye.Na sima kufa na ewelo ibwakami kati na libeke na moto. Libeke na moto oyo ezali kufa na mibale. Soko ezuami ete moto akomami na buku na bomoi te, abwakami na libeke na moto.

Kiti Monene na Pembe ezali Ngwende na Nzambe, oyo Azali Mosambisi. Nzambe, Afandi na Ngwende oyo ezali mpenza kongala na komonana pembe, akosala esambiseli na suka na bolingo mpe bosembo mpona kotinda matiti mabe, masangute, na lifelo.

Tala tina yango ebengami na tango mosusu esambiseli monene na Ngwende na Pembe. Nzambe Akosambisa mpenza kolandana na buku na bomoi bisika ba kombo na ba oyo babikisami mikomama mpe babuku misusu miye mitalisi misala na moto na moto.

Ba oyo Babikisami te Bakokweya na Lifelo

Liboso na Ngwende na Nzambe, ezali kaka na buku na bomoi te kasi mpe lisusu ba buku bisika misala na moto na moto oyo andimelaka Nkolo te to oyo azalaka na kondima na solo te (Emoniseli 20 :12).

Kobanda ngonga bato babotamaka kino ngonga Nkolo Abengaka milimo na bango, misala moko na moko ekomami kati na ba buku oyo. Ndakisa, kosala misala malamu, kolakela moto mabe, kobeta moto, to kosilika na bato nioso mikomama na maboko na banjelu.

Kaka lolenge bokoki ko enregistrer to kokanga masolo misusu to makambo na kala na nzela na ba enregistrement video to audio, banje bazali kokoma mpe ko enregistre nioso ezali kosalema, kati naba buku na Lola na mitindo na Nzambe na nguya nioso. Bongo, Esambiseli Monene na Ngwende Monene na Pembe ekosalema mpenza na mbeba moko te. Bongo, lolenge nini esambiseli ekosalema?

Bato babikisama te bakosambisama liboso. Bato oyo bakoka te koya liboso na Nzambe mpona kosambisama mpo ete bazali basumuki. Bakosambisama kaka kati na Abime, bisika na kozela na lifelo. Ata soki bakoya liboso na Nzambe te, esambiseli ekosalema malamu na lolenge ezali kosalema lokola liboso na Nzambe Ye moko.

Kati na basumuki, Nzambe Akosambisa naino ba oyo bazali na masumu minene. Sima na esambiseli na ba oyo babikisama te, bango nioso bakokende soko na libeke na moto to libeke na sufulu kopela moto na ngonga moko mpe bakozwa etumbu na seko.

Babikisami Bakozwa Lifuti na Lola

Sima na esambiseli ba oyo babikisama te , bakosila na lolenge oyo, esambiseli na mabonza ekolanda. Lolenge elakama na Emoniseli 22:12 ete, "Bisika mpe mabonza na Lola mikokatelama na lolenge oyo.

Esambiseli mpona mabonza ekosalema na kimya o liboso na Nzambe mpo ete ezali mpo na bana na Nzambe. Esambiseli mpona mabanza ekobanda na ba oyo bakozwa ebele koleka kino ba oyo na mabonza moke koleka, mpe na bongo bana na Nzambe bakokota na bisika na moto na moto.

Butu ekozala lisusu te. Bakozala mpe na bosenga na kongenga na mwinda te, soko na moi te, mpo été Nkolo Nzambe Akongengela bango, mpe bakozala bakonzi libela na libela (Emoniseli 22 :5).

Ata ba pasi na mikakatano mingi kati na mokili oyo, boni esengo ekozala mpo ete bozali na elikya na Lola! Kuna, bokobika na Nkolo mpona libela kaka na esengo mpe sai kasi na mpinzoli te, mawa, pasi, bokono, to kufa.

Nalimboli kaka eteni na Elambo na Libala na mbula Sambo mpe Bokonzi na Nkoto moko na tango wapi bokokonza elongo na Nkolo. Na ba tango wana miye mizali kaka elembo na bomoi kati na Lola mizali na esengo wana, boni esengo na koleka mpe sai bomoi na Lola ekozala? Bongo, bosengele na kokima mbangu na nzela na bisika na bino mpe mabonza mibongisameli bino na Lola kino tango Nkolo Akozonga kokamata bino.

LOLA I

Mpona nini Ba tata na biso kati na kondima bameka makasi mpenza mpe banyokwamaka mingi mpona kozwa nzela na pasi na Nkolo, bisika na nzela monene na pasi te na mokili oyo? Bakilaka mpe babondelaka ba butu mingi mpona kolongola masumu na bango mpe komipesa bango moko mpenza mpo ete bazalaka na elikya na Lola. Mpo ete bandimelaka Nzambe oyo Akofuta bango na Lola kolandana na misala na bango, bamekaka na molende makasi kobulisama mpe kozala sembo na misala nioso na Nzambe.

Bongo, Nabondeli na Nkombo na Nkolo ete bokozala kaka na Elambo na Libala na Mbula Sambo te mpe bozala kati na maboko na Nkolo, kasi lisusu bopusana na pene pene na Ngwende na Nzambe na Lola na komekaka maye makoki na elikya makasi na Lola.

Chapitre 4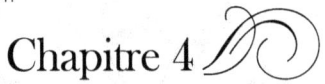

Sekele na Lola Ebombamaka Wuta Kokela

1. Basekele na Lola Mabanda Kobombama Wuta Ekeke na Yesu
2. Ba sekele na Lola Mitalisama na Suka na Ekeke
3. Kati na Ndako na Tata na Ngai Bisikaka Mizali Mingi

Yesu Azongisi liloba ete, Makambo na nkuku na Bokonzi
na Likolo, bino bokoki koyoka yango, nde bango bakoki koyoka te. Pamba te epai na ye oyo azali naino na biloko,
akozwa mosusu mpe akozala na mingi. Nde epai na ye oyo azangi, bakobotola ata yango ezali na ye. Na ntina oyo nakolobaka na bango na masese mpo ete, ekotala bango
bakomona te mpe ekoyokamela bango bakoyoka te, mpe bakososola mpe ntina te.

Yesu Alobaki makambo oyo nioso epai na bapagano na masese. Alobaki na bango te soko na masese te. Boye likambo lilobaki mosakoli Likokaki été, :
"Nakozipola monoko
na ngai na masese, nakoloba makambo mabombami longwa na ebandeli na mokili."

- Mattai 13:11-12, 34-35 -

Mokolo moko tango Yesu Afandaki pembeni na mai monene, bato mingi bayanganaki. Bongo, Yesu Alobelaki bango makambo mingi na masese. Bayekoli na Yesu batunaki Ye na mbala oyo ete, "Mpona nini bango Ozali kolobela bango na masese?" Yesu Azongisi ete:

Yesu Azongisi ete,: Makambo na nkuku na Bokonzi na Likolo bino bokoki koyoka yango, nde bango bokoki koyoka te. Pamba te,epai na ye oyo azali naino na biloko, akozwa mosusu mpe akozala na mingi. Nde, epai na ye oyo azangi bakobotola ata yango ezali na ye. Na ntina oyo nakolobaka na bango na masese mpo ete, ekotala bango bakomona te mpe ekoyokamela bango bakoyoka te, bakososola mpe ntina te. Lisakoli na Yisaya likolo mpo na bango ete, Bokoyoka na matoyi nde bokoyeba ntina te. Bokotala na mkmiso nde bokoyeba ntina te. Mpo ete mitema na bato oyo misili koya makasi, bayoki na matoi na bojito, mpe bazipi miso na bango, ete bamona na miso te, mpe bayoka na matoi te, mpe bayeba na mitema te, mpe bazonga te ete nabikisa bango.' Nde miso na bino ipambolami mpo ete izali koyoka mpe matoyi na bino mazali koyoka. Nazali koloba na bino solo ete basakoli mpe bayengebeni mingi bazalaki na mposa na komona makambo matali bino nde bamonaki te mpe bayoka makambo mayoki bino nde bayokaki te (Matai 13:11-17).

Kaka lolenge elobi Yesu, basakoli mingi mpe bayengebeni bakokaki te komona mpe koyoka ba sekele na bokonzi na Lola ata soki baligaka komona mpe koyoka miango.

Kasi, lokola Yesu, oyo Azali Ye mpenza Nzambe na lolenge na Nzambe, Ayaka na mokili oyo (Bafilipi 2:6-8), Epesamelaka bayekoli na Ye koyeba ba sekele na Lola.

"Boye likambo lilobaki mosakoli likokaki ete, "Nakozipola monoko na ngai na masese, nakoloba makambo longwa na ebandeli,'" Yesu alobi na masese mpona kokokisa nini ekomamaki kati na Makomi.

1. Ba Sekele na Lola Mitalisama Wuta na Ekeke na Yesu

"Sango na Ekulusu," oyo ezali nzela na kozwa bana na nde; ekokosolo na Nzambe, esalemaka ata liboso na kokela, kasi ebombamaka na sekele (1 Bakolinti 2:7). Soki ebatamaka te, moyini Satana na zabolo balingaki te kobaka Yesu mpe nzela na lobiko na bato elingaka kofugwama te.

Na lolenge moko, soki sekele na Lola ebombamaka wuta tango na kokela te, koleka na bato na nse na moi mpona kozwa bana na Nzambe na solo elingaka kosalema te. Kasi, na sima na Yesu koya na mokili oyo mpe abandi Mosala ma Ye, Andimaka ete ba sekele na Lola miyebana mpo ete Alingaka bato babota ba mbuma ebele na kososola miango.

Yesu Alimboli Ba Sekele na Lola na Nzela na Masese

Na Matai 13, ezali na masese ebele likolo na Lola. Yango Ezali mpo ete soki masese mazali te, bokoka te kososola mpe koyeba mabombami na Lola ata soki bokotangaka Biblia na mbala mingi.

Bokonzi na Likolo ekoki kopimama na moto oyo aloni nkona elamo na elanga na ye. (v. 24).

Atielaki bango lisese mosusu ete,Bokonzi na Likolo ezali lokola momboto na sinapi mokamataki moto mpona kokona na elanga na ye. Yango ezali moke koleka mboto nioso nde, ekokola yango, ezali nkona oyo eleki monene mpe ekokoma nzete mpenza; Bandeke na likolo bakoya kotonga zala kati na yango(v. 31-32).

Bokonzi na Likolo ezali lokola fulu oyo mwasi akamataki mpe abombaki kati na bipimeli misato na fufu kino nioso misili kovimba (v.33).

Bokonzi na Likolo ezali lokola eloko na motuya ebombami kati na elanga oyo moto azwi yango mpe azipi yango mpe bongo, na esengo na ye, akai kotekisa biloko nioso bizalaki na ye mpe asombi elanga yango (v.44).

Lisusu, bokonzi na Likolo ezali lokola motekisi oyo azali koluka mangaliti moko na motuya monene, akei mpe atekisi nioso ezalaki na ye mpe asombi yango(v 45)

Lisusu Bokonzi na Likolo ezali lokola moluba mobwakami kati na mai mpe elokoti mbisi na ndenge nioso Etondi yango, bato babendi yango na libongo mpe bafandi, bakaboli nioso mpe bafandi, bakaboli malamu kati na mbeki nde babwaki oyo mabe (v 47-48).

Na boye, Yesu Ateyi likolo na Lola, oyo ezali na mokili na molimo, na nzela na maseses ebele. Mpo ete Lola ezali na mokili na molimo oyo emonanaka te na miso na bato, bokoki kokanga yango kaka o nzela na maseses.

Mpona kozwa bomoi na seko na Lola, bosengeli kobika bomoi malamu kati na kondima na koyebaka lolenge nini bokoki kozwa Lola, bato na lolenge nini bakoingela kuna, mpe na tango nini yango ekosalema.

Nini mpenza ezali tina na kokende na egelesia mpe kobika bomoi na kondima? Ezali kobikisama mpe kokende na Lola. Kasi, soki bokoki kokende Lola te ata soki bokota ndako na Nzambe tango molayi, boni mawa bokozala?

Ata na tango na Yesu, bato mingi batosaka Mobeko mpe batatolaka bondimi na bango epai na Nzambe, kasi bakokaka te na kobika mpe na kokota Lola. Na Matai 3:2, mpona ntina oyo Yoane Mobatisi asakolaka ete, Tubela, mpo ete Bokonzi na Likolo ebelemi!", mpe abongisaka Nzela na Nkolo Na Matai 3:11-12 alobelaka na bato ete Yesu Azali Mobikisi mpe Nkolo na Esambiseli Monene na kolobaka ete, "Ngai na batisi bino na mai mpona kobongwama na motema. Ye oyo akoya, nsima na ngai Aleki na ngai na nguya ; nabongo kokumba sapato na Ye te. Ye wana Akobatisa bino na Molimo Mosantu mpe na moto. Azali na epupeli kati na maboko na Ye mpempe akopetola etuteli na Ye mpe Akoyanganisa masangu na Ye na ebombelo, nde akozikisa matiti na moto ekozimama te.

Ata bongo, Bayuda na tango na Yesu bazangaka kaka te kososola Ye lokola Mobikisi na bango kasi mpe lisusu babakaka Ye na ekulusu. Boni mawa yango ezali ete bakozeLA Mobikisi kino lelo!

Ba Sekele na Lola Matalisami na Ntoma Polo

Ata soki ntoma Polo azalaka moko te na Bayekoli zomi na mibale ma Yesu, azalaka sima na moto moko te oyo atatolaka likolo na Yesu Christu. Liboso na Polo kokutana na Nkolo, azalaka Falisai oyo azalaka kobatela mpenza Mobeko mpe bokoko na bakolo, mpe ye Moyuda na MoLoma wuta mbotama, oyo akotaka na konyokola Bakristu na ebandeli.

Kasi sima na ye kokutana na Nkolo na nzela na Damasi. Polo ambongwanaka makanisi ma ye mpe Amemaka bato mingi na nzela na lobiko na komipesa na Sango Malamu na Bapagano.

Nzambe Ayebaka ete Polo akonyokwama na pasi mingi mpe minyoko na tango na koteya sango malamu. Tala ntina Alimbolaka mabombami na nkamwa na Lola na Polo mpo ete akima mbango kino suka (Bafilipi 3:12-14). Nzambe Atikaka ye ateya sango malamu na esengo mpona elikya na Lola.

Soki botangi mikanda na Polo, bokoki komona ete akomaka na kotondisama na Molimo Mosantu lokolo na kozonga na Nkolo, bandimi kokamatama na mopepe, bisika na bango na kozala na Lola, nkembo na Lola, mabonza na seko mpe mitole, Mechisedek nganga na Seko, mpe Yesu Christu.

2 Bakolinti 12:1-4, Polo akaboli makambo na molimo akutana na yango na lingomba na Kolinti oyo abandisa, oyo ezalaki kobika kolandana na Liloba te.

"Ebongi na ngai komikumisa! Ekozala na litomba te nde nakoleka kino bimononeli mpe bimoniseli na Nkolo. Nayebi moto kati na Kristo oyo akamatamaki kino Lola na misato ba mbula zomi na minei bileki. Soko ezalaki kati na nzoto soko libanda na nzoto nayebi te, nde Nzambe Ayebi. Nayebi ete moto yango akamatamaka kino Paradiso mpe ayoki makambo mayebi kolobama te oyo moto akoki koloba te."

Nzambe Aponaka ntoma Polo mpona koteya Sango Malamu epai na Bapagano, Apetola ye na moto, mpe Apesa Ye ba ndoto na bimoniseli. Nzambe Amema Ye alonga ba pasi nioso na bolingo, kondima, mpe elikya na Lola. Ndakisa, Polo atatola ete ekamatamaka kino Paradiso na Likolo na Misato mpe ayokaka mabombami na Lola mbula zomi na minei eleka, kasi mizalaka na kokamwisa ete epesamelaka na moto koloba yango te.

Ntoma azali moto oyo abiangama na Nzambe mpe akotosaka na mobimba Mokano na Ye. Kasi ezalaka na bato kati na bandimi na Bakolinti bakosamaka na balakisi na lokuta mpe bakatelaka ntoma Polo.

Na tango wana, Ntoma Polo atangaka ba pasi nioso ye amonaka mpona Nkolo mpe akobolaka makambo ye akutanaka na yango na molimo mpona kokamba Bakolinti bakoma basi kitoko na libala na Nkolo, na kosalaka kolandana na Liloba na Nzambe. Yango ezalaka te mpona komilakisa na makambo na molimo, kasi kaka mpona kotonga mpe kokomisa makasi Egelesia na Christu na kobundela mpe kondimisa ki ntoma na ye.

Nini bosengeli kososola awa ezali ete emononeli mpe emoniseli na Nkolo mikoki kopesamela na ba oyo bakoki na miso na Nzambe. Lisusu, na bokeseni na bandimi na egelesia na Kolinti ba oyo bakosamaki na balakisi na lokuta bakatelaki Polo, bosengeli te kokatela moto oyo azali kosala mpona kopanza Bokonzi na Nzambe, kobikisa bato mingi, mpe andimami na Nzambe.

Mabombami na Lola Mitalisami na Ntoma Yoane

Ntoma Yoane azalaka moko na bayekoli zomi na mibale mpe alingamaka mingi na Yesu. Yesu Ye moko Abengaka ye kaka moyekoli te mpe aleisaka ye na molimo mpo ete akoka kosalela molakisi na ye na pembeni. Azalaka na motema mokuse ete abengamaka "Muana na kake," kasi akomaka ntoma na bolingo sima na kombongwana na nguya na Nzambe. Yoane alandaka Yesu, kolukaka nkembo na Lola. Azalaka mpe moyekoli kaka moko oyo ayokaka maloba sambo na suka Yesu Alobaka na ekulusu. Azalaka sembo na mosala na ye lokola ntoma, mpe akoma moto monene na Lola.

Na lifuti na monyoko makasi na Bakristu epai na Bokonzi na Loma, Yoane Abwakamaki kati na mafuta na moto, kasi akufaka te mpe amemamaka na esanga na Patamo. Kuna asololaka na Nzambe na mozindo mpe akomaka Buku na Emoniseli oyo etondisama na ba sekele na Lola.

Yoane Akomakka makambo mingi na molimo lokola Kiti na Bokonzi na Nzambe mpe na Mpate na Lola, masanjoli na Lola, bikelamo minei zinga zinga na Ngwende na Nzambe, Mbula Sambo na Monyoko makasi mpe tina na banje, Elambo na Muanna Mpate mpe Bokonzi na mbula Nkoto, lifelo, Yelusalema ya Sika na Lola, mpe libulu ezanga suka, na Abime.

Tala tina Ntoma Alobaki na Emoniseli 1:1-3 ete Buku ekomama na nzela na emoniseli na emononeli na Nkolo, mpe Azali kokoma nioso na buku mpo ete nioso esengeli kosalema kala te.

Oyo Emoniseli na Yesu Kristu, epesaki Nzambe Ye mpo na kotalisa baumbo na Ye makambo makobima noki. Atindi mwanje na Ye mpona koyebisa Yoane, moumbu na Ye, yango. Ye Yoane Atatoli mpo na makambo yonso mamonaki ye, mpona Liloba na Nzambe mpe Litatoli na Yesu Kristo. Esengo na motangi mpe na bayoki na maloba na kosakola oyo, mpe baoyo batosi makambo kokomama kati na yango, mpo ete elaka ezali penepene.

Liloba "Elaka ezali penepene" elobi ete tango na bozongi na Nkolo ekomi penepene. Bongo, ezali motuya mingi kozala na makoki na kokota na Lola na kobikisama na kondima.

Ata soki bokei na egelesia poso nioso, bokoki te kobikisama kaka soki bozali na kondima na misala. Yesu Alobeli bino ete, "Moto na Moto oyo akolobaka na ngai, Nkolo Nkolo akoingela kati na bokonzi na likolo te, kasi ye oyo akosalaka mokano na Tata na ngai oyo Azali na Likolo." (Matai 7:21). Bongo soki bokosalaka kolandana na Liloba na Nzambe te, emonani polele ete bokokota Lola te.

Bongo, Ntoma Yoane alimboli Makambo mpe masakoli miye mikosalema mpe mikokokisama kala te na mozindo kobanda Emoniseli 4 kino likolo, mpe asukisi ete Nkolo Azali kozonga mpe bosengeli na kosukola elamba na bino.

Tala nakoya noki, mpe libonza na ngai ezali na ngai, mpo na kopesa na moto na moto lokola ekoki na mosala na ye. Ngai Alifa na Omega, Moto na Liboso na Moto na Suka, Ebandeli na Suka. Esengo na bango bakosukola bilamba na bango, ete bazua nguya na kolia na nzete na bomoi mpe mpona kokota na bikuke na mboka (Emoniseli 22:12-14).

Na molimo elamba ezali motema na moto mpe misala ma ye. Kosukola elamba elakisi kotubela na masumu mpe komeka kobika kolandana na mokano na Nzambe.

Nde na lolenge nini bokobika kolandana na Liloba na Nzambe, bokoleka na ekuke kino bokokota na Lola kitoko koleka, Yelusalemi ya Sika.

Kati na buku Bitape kati na Kondima oyo ekobimisama na sima na tango moke, elimbolami ete ata kondima ezali na lolenge na komata. Lolenge moko, Ntoma Yoane ekabolaka kondima na kondima na bana mike, bana, bilenge, mpe batata.

Bongo, bosengeli na kososola na lolenge kondima na bino ekokola, bisika na malamu mpe bokozala na yango na Lola.

Mabombami na Lola matalisami Ata Lelo

Mbula Nkoto moko na nkama libwa eleka wuta ntoma Yoane akoma buku na emoniseli, mpe lelo, tango na bozongi na Nkolo ekomi mpenza penepene. Tala ntina Nzambe Afongoli miso na molimo na basusu mpe Andimeli bango bamona Lola na lifelo mpona ngonga moko na tango, mpe Apesi bango makasi ete batatola oyo bango bamonaki epai na bandimi mpe na bapagano.

Nakoyoka malamu te mpona kokoka te kotatola makambo mingi likolo na Lola na lifelo mpo ete mizali kati na mokili monene na molimo. Tango misusu, bato bakoteyaka na bosembo te, to bayoki bakososolaka yango nioso malamu te.

Nalikiaka mpe lisusu mingi ete nayeba likolo na Lola na

mozindo sima na ngai kokila mpe na kobondela mbala mingi ba mbula sambo. Na sanza mitano na 1984, kaka liboso na mokolo na mbotama na ngai, Nzambe Apesaka ngai mitindo na kokila bilei mpona mikolo misato na bisika na ngai na mabondeli, oyo ezalaka mosika mingi mpenza na bandeko na lingomba na ngai, mpe Atikaka na ngai nazala na mozindo na lisolo na ye. Alimbolelaka ngai Lola na tango wana na mozindo, mpe yango ezwaka makasa 120 na buku na batangi na tango wana. Alimbolaka makamwisi, mpe esengo na bomoi na Lola, mpe bisika na bisika na kobika mpe mabonza bato bakozwa kolandana na bitape kati na kondima na bango. Na ngonga moko kati na mosala na ngai, nateya likolo na Lola ba sanza mingi.

Na sima, Nzambe Alimbolaka sekele na Lola na Lolenge Alimbolaka buku na Emoniseli, mpe Akobaka na kolimbola makambo mana na mozindo sima na 1998. Nzambe Alimbola makambo mingi mpenza mabombama liboso na ebandeli na tango, mpe kaka lokola Polo atatola oyo epesameli na bato kolobela te," ezali na makambo mingi nakoki koloba te.

Nzambe Atika ngai nayeba kaka likolo na Lola te kasi mpe likolo na mozindo na mabombami na mokili na molimo mpona ba ntina mibale.

Yambo, Nzambe Alingi kobikisa bato mingi o nzela na litatoli na ngai na Nzambe oyo Azala wuta liboso na kobanda na tango mpe na kotatola ete Yesu Christu Azali Nkolo. Ya mibale, Nzambe, Oyo Azali Bulee mpe na kokoka, Alingi kokamba bana ba Ye bazala bulee mpe nakokoka mpe babongisama mpona bozongi na Nkolo lokola basi kitoko na libala na kosakolaka mateya na kobulisama.

Bongo, bosengeli kososola ete suka ezali mpenza penepene mpe bokoka na kokota Yelusalema na Sika oyo ezali petwa mpe kitoko lokola kulusatala na kosakolaka Sango Malamu mpe na komeka komibongisa lokola basi na libala na Yesu Christu.

2. Ba Sekele na Lola Mitalisami na Suka na Ekeke

Tika na biso tozinda kati na mabombami na Lola miye mimonisami mpe misengeli kokota na koyebana na suka na ekeke na nzela na masese na Yesu na buku na Matai 13.

Akokabola Bato Mabe na Bato Malamu

Na Matai 13:47-50, Yesu Alobi ete bokonzi na Lola ezali lokola moluba mobwakami kati na libeke mpe elokoti mbisi na lolenge nioso. Yango elakisi nini?

Lisusu bokonzi na Likolo ezali lokola moluba mobwakami kati na mai mpe elokoti mbisi na ndenge nioso. Etondi yango, bato babendi yango na libongo mpe bafandi, bakaboli oyo malamu kati na mbeki nde babwaki oyo mabe. Ekozala boye na nsuka na ekeke; banje bakobima mpe bakolongola mabe kati na malamu, mpe bakobwaka bango kati na litumbu na moto. Bileli ikojala wana mpe kokatakata na mino.

"Mai" Awa etalisi mokili, "mbisi" etalisi bandimi nioso, mpe molobi mbisi oyo abwaki moluba kati na mai mpe alokoti mbisi, ezali Nzambe. Nini, sik'awa, elakisi mpona Nzambe abwaka moluba, Abenda yango tango etondi, Alokota mbisi malamu na mbeki mpe Abwaka oyo ya mabe? Yango ezali kososolisa bino ete na nsuka na ekeke, banje bakoya mpe bakokamata bato malamu na Lola mpe bakobwaka bato mabe na lifelo.

Lelo, bato mingi bakanisaka ete suka suka bakokota na bokonzi na Lola soki bandimeli Yesu Christu. Kasi Yesu Alobi malamu ete, "Banje, bakobima mpe bakolongola mabe kati na malamu, mpe bakobwaka bango kati na litumbu na moto"

(Matai 13:50). "Malamu" awa etalisi ba oyo babengami "sembo" na kondimela Yesu Christu kati na mitema na bango mpe batalisi kondima na bango kati na misala. Bozali "bayengebene" mpo ete boyebi Liloba na Nzambe te, kasi kaka mpo ete botosaka mibeko ma Ye mpe bokosalaka kolandana na mokano na Ye (Matai 7:21).

Kati na Biblia, ezali na "Sala," "Kosala te," "Batela," mpe "Bwakisa." Kaka ba oyo bakobika kolandana na Liloba na Nzambe bazali "sembo" mpe bandimami na kozala na kondima na bomoi na molimo. Ezali na bato baye elobami ete bazali bato na sembo, kasi bakoki bakoki kondimama sembo na miso na bato to sembo na miso na Nzambe. Bongo, bosengeli kososola bokeseni kati na bosembo na bato mpe oyo na Nzambe, mpe bokoma bato na bosembo na miso na Nzambe.

Na ndakisa, soki moto amiminaka sembo ayibi, nani akondima ye lokola sembo? Soki ba oyo bamibengaka "bana na Nzambe," Bakokobaka na kosalaka masumu mpe bakobika te kolandana na Liloba na Nzambe, bakoki te kobengama "sembo." Bato na lolenge oyo bazali mabe kati na bato malamu>

Bokeseni na Nkembo kati na Banzoto na Lola

Soki bondimeli Yesu Christu mpe bobiki kolandana kaka na Liloba na Nzambe, bokongala lokola moi na Lola. Ntoma Polo akomi likolo na mabombami na Lola na mozindo na 1 Bakolinti 15:40-41.

Nzoto na likolo ezali, nzoto na mokili ezali mpe lokola; nde nzoto mosusu ezali na likolo, nzoto mosusu ezali na mokili. Nde, nkembo na nzoto na likolo ezali motindo moko; nkembo na nzoto na mokili ezali motindo mosusu. Nkembo na moi ezali motindo moko, mpe nkembo na sanza ezali motindo mosusu.

Mpe nkembo na minzoto ezali motindo mosusu, mpo ete monzoto na monzoto na likolo ekeseni na ndenge na nkembo.

Mpo ete moto azwaka lola kaka na kondima, ekoki mpe kondimama ete nkembo na Lola ekokesana kolandana na etape kati na kondima na moto. Tala ntina ezali na nkembo na moi, na sanza, mpe na minzoto, ata kati na minzoto, kongala kati na bango ekesana.

Tika totola kati na libombami mosusu na Lola na nzela na lisese na mboto na senapi na kati na Matai 13:31-32,

Atieli bango lisese mosusu ete, "Bokonzi na Likolo ezali lokola momboto na sinapi mokamataki moto mpona kokona na elanga na ye. Yango ezali moke koleka mboto yonso nde, ekokola yango, ezali nkoma oyo eleki monene mpe ekokoma nzete mpenza; bandeke na likolo bakoya kotonga zala kati na bittape na yango."

Nkona na senapi ezali moke lokola songe oyo etikalaka na moto na ekomeli. Ata nkona oyo moke ikokola mpona kokoma nzete monene oyo bandekke na likolo bakoya kosala bazala. Bongo nini Yesu Alingi kolakisa biso na nzela na lisese oyo na momboto nna Senapi? Toli tosengeli kozwa ezali ete Lola ekamatamaka na kondima, mpe ete ezali na bitape kati na kondima mikesana. Bongo ata soki sik'awa bozali na kondima moke, bokoki kokolisa yango na kondima "monene".

Ata kondima moke lokola Momboto na Senapi

Yesu na Matai 17:20 Alobi ete, "Mpo na kondima moke na bino, nalobi na bino été soki bozali na kondima moke ata lokola mombuma na senapi, bokoloba na ngomba oyo ete, tambola longwa awa kino esika kuna mpe ekotambola. Likambo moko te, likolekela nguya na bino." Na eyano na motuna na bayekoli na Ye, "Matisa kondima na biso!" Yesu Azongisi ete, "Nkolo Alobaki na bango ete, Soko bozali na kondima lokola mombuma na senapi, mbe bokokaki koloba na nzete oyo ete, Pikolama mpe konama kati na mai, mpe etosi bino." (Luka 17:5-6).

Nini bongo ezali limbola na molimo na makomi eye? Elakisi ete tango kondima moke lokola momboto na senapi ekokola mpe ekomi kondima monene, eloko moko te ekozanga kokokisama. Tango moto andimeli Yesu Christu, kondima moke lokola mmbuma na senapi epesameli ye. Tango aloni nkona oyo kati na motema na ye, ekokola. Tango ekoli na kondima monene na monene na nzete monene bisika bandeke mingi bakoya kofanda, moto akomona misala na nguya na Nzambe oyo Yesu Asalaka lokola, mokkufi miso amona, mokufi matoyi ayoka, baba alooba, mpe mokufi asekwa.

Soki bokokanisaka ete bozali na kondima, kasi bokoki te kotalisa miisala na nguya na Nzambe mpe bozali na kokoso kati na libota na bino to na bombongo, ezali mpo ete kondima na bino moke lokola mbuma mbuma na senapi ekoli naino te mpona kokoma nzete monene.

Lolenge na Bokili na Kondima na Molimo

1 Yoane 2:12-14, ntoma Yoane Alimboli na mokuse bokoli na kondima na molimo.

"Bana, nazali kokomela bino mpo ete masumu na bino masili kolimbisama epai na bino mpo na nkombo na Ye. Batata, nazali kokomela bino mpo ete bosili koyeba Ye oyo azali longwa na ebandeli. Bilenge mibali, nazali kokomela bino mpo ete bosili koleka ye mabe. Bana, nasili kokomela bino mpo été bosili koyeba Tata. Batata, nasili kokomela bino mpo été bosili koyeba ye oyo azali longwa na ebandeli. Bilenge mibali, nasili kokomela bino mpo été bozali mmakkasi mpe Liloba na Nzambe eumeli kati na bino mpe bosili koleka ye mabe.'

Bosengeli na kososola ete ezali na nzela na bokoli na kondima. Bosengeli kokolisa kondima na bino mpe bozala na kondima na ba tata na wapi bokoki koyeba Nzambe oyo Azala wuta na liboso na ebandeli na tango. Bosengeli te kosepela na etape na bana kati na kondima ba oyo mmasumu na bango malimbisami mpona Yesu Christu.

Lisusu lolenge Yesu Alobi na Matai 13:33 ete, "Bokonzi na Lola ezali lokola mfulu ooyo mwasi akamataki mpe abombaki kati na bipimeli misato na mfufu kino nioso esili kovimba."

Bongo, bosengeli na kososola ete bokoli na kondima moke lokola mbuma na senapi kino kondima monene ekoki kokokisama noki noki lokola esalaka kati na farine. Lolenge elobama na 1 Bakolinti 12:9, kondima ezali likabo na molimo epesameli bino epai na Nzambe.

Kosomba Lola na Nioso Bozali na Yango

Bozali na bosenga na makasi mpona kozwa Lola mpo ete Lola ekoki kaka kozwama na kndima mpe ezali na nzela na bokoli na kondima. Ata na mokili oyo, bosengeli komeka makasi mingi, bosengeli komeka makasi mingi mpona kozwa boyebani mpe bomengo, kasi koloba ata te na lolenge na kozwa misolo ekoka mpona kosomba, neti ndako. Bomekaka mpenza makasi kosomba mpe kobatela makambo mana malamu, moko te bokoki kobatela mpona seko. Boni mingi bongo, bosengeli na komeka mpona kozwa kongala mpe bisika malamu na Lola oyo bokozala na yango mpona seko?

Yesu Alobi na Matai 13:44 ete, "Bokonzi na Likolo ezali lokola eloko na motuya ebombami kati na elanga oyo moto azwi yango mpe azipi yango mpe bongo, na esengo na ye akei kotekisa biloko nioso bizalaki na ye mpe asombi elanga yango." Akobi kati na Matai 13:45-46, "Lisusu, bokozi na Likolo ezali lokola motekisi azali koluka mangaliti kitoko. Ezwi ye mangaliti moko moko na motuya monene, akei mpe atekisi nioso ezalaki na ye mpe asombi yango."

Bongo, nini ezali ba sekele na Lola miye mitalisami o nzela na masese na biloko na motuya mibombama kati na elanga mpe na mangaliti kitoko? Yesu Ameseneke koloba masese na biloko miye mikokaki komonana na pete na bomoi na mokolo nioso. Tika sik'awa totala na lisese na 'bomengo ebombami kati na elanga."

Ezalaki na mosali bilanga na mobola oyo ameseneke kozwa meya na mokolo na mokolo. Mokolo moko, akendeki kosala na bosenga na moninga na ye. Mosali bilanga cyebisamaka ete mabele ebotaka eloko te mpo ete basalelaka yango te mpona tango molayi, kasi ba oyo na pembeni na ye balingaki kolona mwa ba nzete na ba mbuma mpona kofandisa mabele pamba te. Mosali bilanga andimaka kosala mosala. Azalaki kobongisa mabele o mokolo moko mokolo moko ayokai eloko moko makasi na suka na libulu, Akobaki na kotimola mpe akutanaki na biloko mingi na motuya. Mosai bilanga oyo akutanaki na biloko mana abandaki kokanisa lolenge nini akokaki na kozwa bozwi yango. Azwaki ekateli na kosomba mabele bisika wapi biloko na motuya mikundamaka mpe wuta mabele yango ezalaka ebotaka eloko te mpe na pembeni na kobwakama, mosali na bilanga akanisaka ete mokolo na yango akolinga koteka yango na pasi mingi te.

Mosali bilanga azongaki na ndako na ye, azwaki nioso azalaka na yango, mpe abandaka kotekisa biloko na ye. Bongo, azalaki na mitungisi moko te mpona kotekisa nioso azalaki na yango, mpo ete amonaki bomengo, oyo elekaki biloko nioso azalaka ma yango.

Lisese na Eloko na Motuya Ebombama Kati na Elanga

Nini bosengeli kososola o nzela na lisese na eloko na motuya ebombama kati na elanga? Nakolikya ete bokososola sekele na Lola na kotalaka na limbola na molimo na lisese na eloko na motuya ekundama kati na elanga na ba lolenge minei.

Yambo elanga elakisi motema na bino mpe eloko na motuya elakisi Lola. Elakisi ete Lola, lokola eloko na motuya, ebombama kati na motema na bino.

Nzambe Akela bato na molimo kati na bango, molema, mpe nzoto. Molimo esalema lokola mokonzi na moto esololaka na Nzame. Molema esalema mpona kotosa mitindo na molimo, mpe nzoto esalema mpona kozala ndako na molimo na molema. Bongo, moto emesanaka kozala molimo na bomoi lolenge elobama na Genese 2:7.

Wuta tango moto wa yambo asalaka lisumu na koboya kotosa, bongo, molimo, mokonzi na moto, ekufaki, mpe molema ekomaka kosala lokola mokonzi. Bongo bato bakweyaka kati na masumu ebele koleka mpe basengelaki kkende o nzela na kufa mpo ete bakokaka lisusu te kosolola na Nzambe. Bakomati sik'aw' bao na molema, oyo ezali na nse na bokambi na moyini Satana mpe zabolo.

Mpona yango, Nzambe na bolingo Atinda Muana na Ye se moko na mokili oyo mpe Atikaka Ye Abakama na ekulusu mpe Atangisa makila maYe lokola mbeka na kolongola masumu mpona kosikola bato nioso na masumu na bango. Mpona oyo, nzela na lobiko efungwama mpona bino bokoma bana na

Nzambe Bulee mpe bosolola lisusu na Ye.

Bongo, nani nani akondimela Yesu Christu lokola Nkolo mpe Mobikisi na ye akozwa Molimo Mosantu, mpe molimo na ye ekozongela bomoi. Lisusu, akozwa makoki na kokoma muana na Nzambe mpe esengo ekotonda motema na ye.

Elakisi ete molimo ekoma kosolola na Nzambe mpe ekokamba lisusu molema mpe nzoto lokola mokonzi na bato. Yango elakisi ete ayei na kobanga Nzambe mpe kotosa Liloba na Ye, mpe kosala mosala mopesama na moto.

Bongo, bolamiki na molimo ezali lolenge moko na kokutana na eloko na motuya kati na elanga. Lola ezali lokola eloko na motuya ebombami na na elanga mpo ete Lola ezali sik'awa na mitema na bino.

Mibale, moto amoni eloko na motuya ebombama kati na elenga mpe kokoma na esengo elakisi ete soki moto andimeli Yesu Christu mpe ayambi Molimo Mosantu, molimo mokufa mokosekwa, mpe akososola ete azali na Lola kati na motema na ye mpe akosepela.

Longwa na mikolo na Yoane Mobatisi kino sasaipi Bokonzi na likolo ezwi minyoko mpe banyokoli bazuinyango na makasi." Yoane ntoma mpe akomi na Emoniseli 22:14 ete, Esengo na bango bakosukola bilamba na bango, ete bazwa nguya na kolia na nzete na bomoi mpe mpona kokota na bikuke na mboka."

Nini bokoki na koyekola na nzela na oyo ezali ete moto nioso te oyo andimeli Yesu Christu akokende bisika moko na kobika elongo na basusu na boonzi na Lola. Na lolenge oyo bokokani na Nkolo mpe bokomi na bosolo, bokozwa bisika malamu na koleka kati na Lola.

Bongo, ba oyo balingaka Nzambe mpe bakolikya Lola bakosala kolandana na Liloba na Nzambe na makambo nioso mpe akokokana na Nkolo na kolongolaka mabe na bango nioso.

Bokozala na Bokonzi na Lola, na lolenge bokotondisa mitema na bino na Lola, bisika ezali kaka na bolamu na solo. Ata na mokili oyo, tango bososoli ete Lola ezali kati na mitema na bino, bokozala na esengo.

Oyo ezali lolenge na esengo bokokutana na yango tango bokutano mbala liboso na Yesu Christu. Soki oyo asengelaka kokende o nzela na kufa kasi azwui bomoi na solo mpe Lola na seko na nzela na Yesu Christu, boni esengo ye akozala na yango! Akopesa mpe matondi mingi mpo ete akoki kondima bokonzi na Lola kati na motema na ye. Na lolenge oyo, esengo na moto oyo azali kosepela mpona kozwa eloko na motuya ebombama kati na elanga etalisi esengo na koyamba Yesu Christu mpe kozala na bokonzi na Lola kati na motema na ye.

Misato, lisusu kobomba eloko na motuya sima na komona yango elakisi ete molimo na moto mokufaki ezongeli bomoi mpe alingi kobika kolandana na mokano na Nzambe, kasi akoki te solo kosalela ekateli na ye na misala mpo ete naino azui nguya na kobika kolandana na Liloba na Nzambe te.

Mosali bilanga akokaka kotimola eloko na motuya te na ngonga amonaki yango. Asengelaki liboso koteka biloko na ye nioso mpe asomba elanga. Na lolenge moko, boyebi ete ezali na Lola na lifelo mpe lolenge nini bokoki kokota Lola natango bondimeli Yesu Christu, kasi bokoki te kotalisa misala na bino na tango bobandi kaka kolanda mateya.

Mpo ete bobika bomoi na bosembo te iye etelemelaka Liloba na Nzambe liboso na kondimela Yesu Christu, nde etikali mingi na bozangi bosembo kati na motema na bino. Kasi, soki bolongoli lokuta nioso te na tango bokotatolaka ete bondimela Nzambe, Satana akokoba na komema bino kati na molili mpo ete bokoka te kobika kolandana na Liloba na Nzambe. Kaka lolenge mosali bilanga asombaki elanga sima na kotekisa nioso azalaka na yango, bokoki kozwa bozwi kati na mitema na bino kaka na tango bokoluka kolongola makanisi na lokuta mpe bokomi na motema na bosolo Nzambe Alingaka.

Bongo bosengeli na kolanda solo, oyo ezali Liloba na Nzambe, na kotiaka elikya na Nzambe mpe kobondela makasi. Kaka wana nde lokuta ekobwakama mpe bokozwa nguya na kosala mpe kobika kolandana na Liloba na Nzambe. Bosengeli kokanga yango ete Lola ezali kaka mpona bato na lolenge oyo.

Minei, kotekisa nioso azalaki na yango elakisi ete mpona molimo mokufa izongela bomoi mpe ekoma mokonzi na moto, bosengeli kobebisa solo te nioso ezalaka na molema.

Tango molimo mokufa mozongeli bomoi, bokososola ete ezali na Lola. Bosengeli kozwa Lola na kokweisa makanisi nioso na bosolo te, oyo ezalaka na molema mpe mikonzami na Satana, mpe na kozala na kondima oyo elandisamaka na misala. Yango ezali lolenge moko na muana na soso oyo asengeli kopasola liki mpona kobima na mokili.

Bongo, bosengeli koloongola misala nioso mpe baposa na mosuni mpona koozwa mobimba na Lola. Lisusu, bosengeli kokoma moto na molimo mokoka oyo akokani mpenza na lolenge na BoNzambe na Nkolo (1 Batesaloniki 5:23).

Misala na mosuni ezali kolandana na mabe kati na motema oyo etalisamakka na misala. Ba mposa na mosuni etalisi lolenge nioso na masumu kati na motema na moto ekokimkotalisama na misala tango nioso, ata soki naino etalisami na misala te. Ndakisa, soki ozali na koyina kati na motema na yo, ezali mposa na nzoto, mpe soki yango etalisami na misala na kobeta moto mosusu, yango ezali misala na nzooto.

Bagalatia 5:19-21 ebetisi mpenza sete ete, "Misala na nzoto imiinani polele. Yango oyo: ekobo, makambo na bosoto, pite, kosambela bikeko, ndoki, nkaka, kowelana, koponapona, koboma bato, kolangwa masanga, bilambo na lokoso mpe makambo na motindo na yango. Nazali kokebisa bino lokola ekebisaki ngai bino liboso ete bbaoyo bakosalaka makambo yango bakosangola bokonzi na Nzambe te."

Lisusu, Baloma 13:13-14 elobeli biso ete, Totambolaka na ezaleli ekoki na moi; na bilambo na lokoso te, na kolangwa masanga te, na pite mpe na mobulu te, na kowelana soko na zua te. Kasi bolata Nkolo Yesu," Christu lokola elamba mpe bokanisa te mpo na kosepelisa mposa na nzoto." Mpe Baloma 8:5 elobi ete, "Ba oyo bazali bato na nzoto, bakotia motema na makambo na nzoto; nde baoyo bazali na molimo bakotia mitema na bango na makambo na molimo."

Bongo, kotekisa nioso bozali na yango elakisi ete bokweisa bosolo te nioso etelemelaka mokano na Nzambe kati na molema na bino mpe kolongola misala mabino mpe baposa nioso na mosuni, oyo esengeli te kolandana na Liloba na Nzambe, mpe nioso oyo bolingaka koleka Nzambe.

Sokibokokoba na kolongola masumu na mabe na bino na lolenge oyo, molimo na bino ekokoba na kozwa bomoi na koleka mpe lisusu mpe bokokoka kobika kolandana na Liloba na Nzambe na kolandaka mposa na Molimo Mosantu. Na suka, bokokoma moto na molimo mpe bokoka na kokoma na lolenge na BoNzambe na Nkolo (Bafilipi 2:5-8)."

Lola Ezwami na Lolenge Moto Akokisami Kati na Motema

Moto oyo azali na Lola kati na motema na ye azali ye oyo atekisi nioso azali na yango na kolongolaka mabe nioso mpe kokokisa Lola kati na motema na ye. Solo, tango Nkolo Akozonga, Lola oyo ezalaka lokola elilingi ekokoma makambo na solo mpe akozala na Lola na seko.Kasi moto oyo azali na Lola te, azali mobola koleka babola nioso oyo na solo azali nna eloko moko te, ata soki azali na nioso na mokili oyo. Yango eali mpo ete nioso bolinga ezali kati na Yesu Christu mpe nioso libanda na Yesu Christu ezali pamba mpo ete sima na kufa, kaka esambiseli na seko ekozela.

Yango wana Matai elandaka Yesu na kotika misala ma ye nioso. Tala ntina Petelo alandaka Yesu na kotika buatu mpe moluba na Ye. Ata ntoma Polo ammonaka makambo nioso azalaka na yango lokola fulu sima na kondimela Yesu Christu. Tina ba Ntoma wana nioso bakokaka kosala bongo ezalaka mpo ete balingaka kozwa eloko na motuya, oyo ezalaki motuya koleka nioso na mokili oyo, mpe batimolaki yango.

Na lolenge moko, bosengeli kotalisa kondima na bino na misala na kotosaka Liloba na solo mpe nna kolongolaka bosolo te na lolenge nioso iye ikotelemelaka Nzambe. Bosengeli kokokisa bokonzi na Lola kati na mitema na bino na kotekisa bosolo te nioso lokola moto mangongi, lolendo, komitombola iye bokanisaka wuta kala kozala bomengo kati na mitema na bino.

Bongo, bosengeli te kotala makambo na mokili oyo, kasi botekisa nioso bozali na yango mpona kokokisa Lola kati na mitema na bino mpe bokitana na bokonzi na seko na Lola.

3. Kati na Ndako na Tata na Ngai Bisika Bizali Ebele

Kobanda na Yoane 14:1-3, bokoki omona ete ezali na bisika mingi na Lola, mpe Yesu Christu akendaka kobongisa esika mpona yo na Lola.

"Tika ete mitema na bino mitungisama te. Bondimela Nzambe, bondima mpe ngai. Na ndako na Tata na ngai, bifandelo bizali mingi. Soko bongo te, mbe nasili koloba na bino. Mpe soko nakeyi kobongisela bino esika, nakoya lisusu mpe nakokamata bino epai na ngai ete esika ezali ngai, bino bozala wana mpe lokola."

Nkolo Akenda kobongisa Esika NA Bino Na Lola

Yesu Ayebisi bayekoli na Ye makambo mikosalema yambo Ye Akangema mpona kobakama na ekulusu. Na kotalaka bayekoli na Ye, ba oyo bazalaka komitungisa na sima na koyoka likolo na bomofiti na Yudasii Iscariot, koyangana na Petelo, mpe kufa na Yesuu, apesaka bango makasi na koyebisa bango likolo na bisika na kobika na Lola.

Yango tina na Ye koloba ete"Na ndako na Tata na ngai bisika bizali mingi; Soko te, nalingaki kolobela bino; mpo ete nakeyi kobongisela bino esika." Yesu Abakamaka na ekulusu mpe Asekwaka mpenza na sima na mikolo misato. Na kobukaka nguya na kufa. Nde, sima na mikolo ntuku minei, abutaka na Lola na tango bato mingi bazalaka kotala Ye, mpona kobongisa bisika na Lola mpona bino.

Bongo yango elakisi nini na koloba ete "Nakeyi kobongisela bino esika?" Lolenge ekomama na 1 Yoanne 2:2, " [Yesus Ye moko Azali mpe mbondi mpo na masumu na biso; Kasi bobele mpona yango na biso te kasi nde mpona mokili mobimba," Elakisi ete Yesu Abukaki efelo na masumu kati na bato na Nzambe, mpo ete moto nioso akoka kozwa Lola na kondima.

Soki Yesu te efelo na mmasumu kati na Nzambe na bino ikokaki te kokweya. Na Boyokani na Kala, tango moto azalakka kosumuka, azalaka kobonza nyama mpona kosikola masumu ma ye.Kasi Yesu, Apesi na bino nnzela nna kolimbisama na masumu na bino mpe bokoma bulee na komikama Ye moko lokola mbeka (Baebele 10:12-14)

Kaka na nzela na Yesu Christu, nde efelo na masumu kati na Nzambe na bino ekokweisama, mpe bokoki kozwa mapamboli na koingela na Bokonzi na Likolo mpe bosepela bomoi na seko kitoko mpe na esengo.

"Na Ndako na Tata na Ngai Bisika Bizali Ebele"

Yesu na Yoane 14:2 Alobi ete, "Na ndako na Tata na Ngai bisika bizali ebele." Kati na motema na Nkolo oyo Alingi bato nioso babika etalisami na eteni oyo. Boye, nini ezali tina na Yesu koloba ete, na "ndako na Tata na ngai," mbele aloba ete"Na Bokonzi na Lola"? Ezali mpo ete Nzambe Alingi "bafandi" te kasi "Bana" na oyo Akoka kokabola bolingo na Ye libela lokola Tata.

Lola ekambami na Nzambe mpe ezali monene na kokoka mpona koyamba ba oyo nioso babikisami na kondima. Lisusu, ezali bisika na kitoko mpenza oyo ekoki te kopimama na mokili oyo. Na bokonzi na Lola, oyo monene na yango ekoki te na kobanzama, na Bokonzi na Lola bisika na kitoko mpe na nkembo koleka ezali Yelusalemi ya Sika bisika ngwende na Nzambe ezali. Kaka lolenge ezali na ndako ya bleu na Seoul, capital na Koree, mpe maison blanche na Washington D.C, capital na America, bisika mokonzi na ekolo na ekolo abikaka, na Yelusalemi ya Sika ezali na Ngwende na Nzambe,

Bongo bisika nini Yelusalemi ya Sika ezali? Ezali na kati kati na Lola, mpe ezali bisika wapi bato na kondima, ba oyo basepelisaka Nzambe bakobika mpona seko. Na bokeseni, bisika na monene koleka na Lola ezali Paradiso. Kaka lolenge na moyibi moko na mopanzi na Yesu, oyo andimelaka Yesu Christu mpe abikisamaka, ba oyo bandimeli kaka Yesu Christu mpe basalaka eloko moko te mpona Bokonzi na Nzambe bakotikala kuna.

Lola Epesamaka Kolandana Na Etape Kati na Kondima

Mpona nini Nzambe Abongisaka bisika mingi na kobika na Lola mpona bana ba Ye? Nzambe Azali sembo mpe akotika na bino bobuka oyo bolonaki (Bagalatia 6:7), mpe Afutaka moto moko na moko kolandana na oyo ye asalaki (Matai 16:27; Emoniseli 2:23). Tala ntina Abongisa bisika an kobika kolandana na etape kati na kondima.

Baloma 12:3 etalisi ete, "Mpona likabo na ngolu lizwi ngai, nazali koloba na moko na moko kati na bino ete boleka te komikanisa bino mpenza na motindo mobongi te. Kasi bomitanga na makanisi na sembo, moto na moto kolandana na likabo na kondima oyo Nzambe Apesi Ye."

Bongo, bosengeli kososola ete bisika na kobika mpe nkembo na moko na moko na Lola ekokesana kolandana na etape kati na kondima na ye.

Kolandana na lolenge nini bokokani na motema na Nzambe, bisika na bino na kobika na Lola ekopesama. Bisika na kobika na Lola na seko ekokatelama kolandana na lolenge nini bokokisi Lola kati na mitema na bino lokola nbato na molimo.

Na ndakisa, toloba ete muana mpe mokolo bazali komekama na masano to bazali kosolola. Mokili na bana na oyo na mikolo mikesana mpenza mingi ete muana akomona yango elengi te na kozala na mikolo. Mpona bana lolenge na bango na kokanisa, koloba, mpe misala mikesana mpenza ete bana na bakolo. Ekozala malamu tango bana bakosakana na bana, bilenge na bilenge, mpe bakoolo na bakolo.

Yango ezali lolenge moko na molimo. Mpo ete molimo na bato nioso mikesana, Nzambe na bolingo mpe na sembo Akabola bisika na kobika na Lola kolandana na bitape kati na kondima mpo ete bana ba Ye babika na esengo.

Nkolo Akozonga Sima Na Kobongisa Bisika Na Kobika Na Lola

Na Yoane 14:3, Nkolo Alak ete Akozonga mpe Akokamata bino na bokonzi na Lola sima na Ye kosilisa na kobongisa bisika na kobika na Lola.

Toloba ete ezali na moto oyo Azwaka ngolu na Nzambe mpe azwaka mabonza mingi na Lola mpo ete azalaka sembo. Kasi soki akozonga na nzela na mokili, akolongwa na lobiko mpe akosuka na lifelo. Mpe mabonza mingi na ye na Lola ekomi pamba. Aya soki akei na lifelo te, mabonza na ye makokoma pamba.

Tango mosusu soki ayokisi Nzambe pasi na kopesa Ye nsoni ata soki azalaki sembo, ata soki akiti na etape na ye kati na kondima to atikali na bisika moko na bomoi na ye na mokristu bisika esengelaki na ye kokoba, mabonza ma ye makokita.

Kasi, Nkolo Akokanisa makambo nioso bosalaka mpe bomekaka mpona bokonzi na Nzambe na kozalaka sembo. Lisusu, soki bobulisi motema na bino na kokataka ngenga na yango na Molimo Mosantu, bokozala elongo na Nkolo tango Akozonga mpe bokopambolama na kobika bisika ekongala lokola moi na Lola. Mpo ete Nkolo Alingi bana nioso na Nzambe bazala ya kokoka, Alobi ete, "Soki nakei kobongisela bino esika, nakozonga lisusu mpe koyamba bino epai na ngai, bongo bisika nazali bozala mpe elongo na ngai." Yesu Alingi bino bopetolama kaka lolenge Nkolo Apetolama, na kokangaka Liloba na elikya.

Tango Yesu Akokisi mpenza mokano na Nzambe mpe apesaka Ye nkembo makasi, Nzambe Apesaka Yesu nkembo mpe Apesaka Ye Nkombo ya sika: "Mokonzi na bakonzi, Nkolo na ba nkolo." Na lolenge moko, na lolenge bozali kopesa nkembo na Nzambe kati na mokili oyo, Nzambe akomema bino na nkembo. Na lolenge bokokani na Nzambe mpe bolingami na Nzambe, bokobika pembeni na Ngwende na Nzambe na Lola.

Bisika na kobika na Lola mizali kozela ba nkolo na yango, bana na Nzambe, kaka lolenge muasi na libala amibongisaka mpona mobali na libala. Tala ntina ntoma Yoane akomi na Emoniseli 21:2, ete: "Namoni mpe mboka mosantu,Yelusaleme na Sika kokita na likolo, kouta na Nzambe. Esilaki kobongisama lokola muasi na libala oyo asili kokemba nzoto na ye, mpona mobali na ye."

Ata mosala malamu koleka na Mwasi kitoko na libala na mokili oyo ekoki te kopimama na bolamu na esengo na bisika na kobika na Lola. Ba ndako na Lola mizali na nioso mpe mikopesaka nioso na kotangaka makanisi na bakonzi mpo ete bakoka na kobika na esengo eleka mpona seko.

Masese 17:3 ekomi ete, "Mbeki na konangola ekoki mpona palata mpe moto makasi mpona wolo, nde Yawe Akomeka mitema na bato." Bongo, nabondeli na nkombo na Yesu Christu ete bososola ete Nzambe Apetolaka bato mpo na kokomisa bango bana ba Ye na solo, bobulisama na elikya na Yelusalemi na Sika, mpe na makasi bopusana na bisika eleki malamu na Lola na kozalaka sembo na makambo nioso na ndako na Nzambe.

Chapitre 5

Lolenge Kani Tokobika Na Lola

1. Lolenge na Kobika na Bato Nioso na Lola
2. Bilamba na Lola
3. Bilei na Lola
4. Bimemeli na Lola
5. Makabo na kosepelisa nzoto na Lola
6. Masanjoli, Kelasi, mpe lolenge na kobika na Lola

*Nzoto na likolo ezali mpe nzoto na mokili ezali
mpe lokola,
Nde nkembo na nzoto ya likolo ezali,
nkembo na nzoto na mokili ezali mosusu.
Nkembo na moi ezali na motindo moko,
mpe nkembo na sanza na motindo mosusu
Mpe nkembo mosusu na minzoto;
mpo ete monzoto na monzoto na likolo ekeseni
na nkembo.*

- 1 Bakolinti 15: 40-41 -

Esengo na Lola ekoki te kopimama na eloko na malamu mpe eleki na kosepelisa kati na mokili oyo. Ata soki bokosepela elongo na balingami na bino na pembeni na ebale na moi komonana mosika, esengo na motindo oyo ezali kaka mpona ngonga mpe ezali solo te. Na bisika moko na bongo na bino, ezali na mitungisi likolo na makambo na kokutana na yango sima na kozonga na bomoi na bino na mikoolo nioso. Soki bokozongela bomoi na lolenge oyo mpona sanza moko to mibale, na mbula, bokoyoka lisusu esengo te mpe bokobanda na koluka eloko na sika.

Kasi, bomoi na Lola bisika biloko nioso mizali petwa mpe kitoko lokola kulusatala, ezali esengo yango moko mpo ete makambo nioso mazali sika, na kokamwisa, esengo mpe sai libela. Bokoki kozalla na tango malamu na Tata Nzambe mpe Nkolo, to bokoki kosepela makambo bolingaka, mimekano bolingaka, mpe makambo nioso na motuya na lolenge bokolinga. Tika totala lolenge nini bana na Nzambe bakobika tango bakokende na Lola.

1. Lolenge Na Kobika na Bato Nioso na Lola.

Na lolenge nzoto na bino na mosuni ekobongwana na Nzoto na molimo, oyo esalemi na molimo, molema, mpe nzoto na Lola, bokokoka koyeba basi na bino, mobali, mwana, mpe baboti na mokili oyo. Bokoyeba mpe mobateli mpate na bino to ba mpate na bino na mokili oyo. Mpe bokokanisa mpe nini ebosanamaki na mokili oyo. Bokozala mayele mingi mpo ete bokokoka kososola mpe koyeba mokano na Nzambe.

Basusu bakoki komituna, 'Masumu na ngai nioso mikoki kotalisama na Lola?' Yango ekozala bongo te. Soki bosi botubelaka, Nzambe Akokanisa lisusu te masumu na bino lokola est ekabwana na west (Nzembo 103:2), kasi kaka kokanisa misala na bino malamu mpo ete masumu na bino nioso esi elimbisami na tango bozali na Lola.

Bongo, tango bokokende na Lola, lolenge nini bokombogwana mpe bokobika?

Nzoto na Lola

Bato na ba nyama na mokili oyo bazali na ba lolenge na bango moko mpo ekelamo nioso na bomoi ekoka koyebama soki ezali nzoko, nkosi, pongo, to moto.

Kaka lolenge ezali na nzoto na lolenge na yango mokili oyo na dimension misato, ezali na nzoto esengeli na Lola, oyo ezali mokili na dimension minei. Yango ebengama nzoto na Lola. Na Lola bokoyebana moto na moto na yango. Bongo, nzoto na molimo ekomonana lolenge nini?

Tango Nkolo Akozonga na mopepe, moko na moko na bino akombongwana na nzoto na lisekwa yango ezali nzoto na molimo. Nzoto oyo na lisekwa ikombongwana na nzoto na Lola, oyo ezali na etape na likolo koleka, sima na esambiseli monene. Kolandana na mabonza na mto na moto, pole na nkembo oyo engalaka na nzoto na lola ekokesana.

Nzoto na moliimo ezali na mikuwa mpe misuni lokola nzoto na Yesu sima na lisekwa na Ye (Yoane 20:27), kasi ezali nzoto na sika oyo esengeli na molimo, molema , na nzoto ekufaka te. Nzoto na biso oyo ekufaka ekombongwana na nzoto na sika na liloba na nguya na Nzambe

Nzoto na molimo esengeli na mikowa na seko mikufaka te mpe mosuni ekongala mpo ete ezongisami sika mpe epetolami. Ata siki moto azangi liboko to likolo, to bolema, nzoto na Lola ekozongisama na lolenge na nzoto na kokoka.

Nzoto na molimo ezali lokola elilingi te kasi ezali na lolenge malamu, mpe yango ezali na nse na tamgo mpe espace te. Tala ntina Yesu tango Abimelaka bayekoli na Ye sima na lisekwa na Ye, Akokaki koleka pamba kati na efelo (Yoane 20:26).

Nzotoo na mokili oyo ekozwa masusa mpe ekokoma malamu te tango ekomi mobange, kasi nzoto na Lola ekozongisama sika lokola nzoto oyo ekokufaka te nde wana ekobatela bolenge mpe kongala lokola moi.

Mbula Ntuku Misato na Misato

Bato mingi bakomitunaka soki banzoto na Lola ezali monene na lolenge na mokolo to moke lokola oyo na mwana. Na Lola, moto nioso, ezala akufaka mobange to elenge, akozala mpona libela na nzoto na elenge na mbula ntuku misato na misato, nzoto na Yesu na tango abakamaka na ekulusu na mokili oyo.

Ba oyo bazali na mbula na nse na ntuku misato bakoki koyeba makambo mingi te, mpe ba oyo likolo na ntuku minei bakobungisa makasi na lolenge bazali kokoma mikolo. Kasi pembeni na mbula ntuku misato na misato, bato bazali mature mpe kitoko na makambo nioso. Lisusu, mingi kati na bango bakobalaka, bakobota mpe bakokolisa bana nde bakokoka na kososola na lolenge moko motema na Nzambe oyo Azali kokolisa bato na mokili oyo.

Na lolenge eye, Nzambe Akobongola bino na banzoto na Lola mpo ete bobatela bolenge na ba mbula ntuku misato na misato, mbula kitoko na koleka na bato, mpona libela na Lola.

Ezali na koyebana na Makambo Na Bonzoto Te

Soki bokobika seko na Lola na lolenge na nzoto na komonana ya mokili oyo, yango ekozala mpenza nkamwa te? Toloba ete mobali akufi na mbula na ntuku minei mpe akei Lola. Muana na Ye na mobali akei na Lola na mbula ntuku mitano, mpe koko na ye akufi na mbula ntuku libwa mpe akei na Lola. Tango bango nioso bakokutana na Lola, koko ya muana mobali akozala mokolo na bango nioso, mpe koko tata akozala leki na bango nioso.

Bongo na Lola esika Nzambe Akonzaka na bolingo mpe bosembo na Ye, bato nioso bakozala na lolenge na mbula ntuku misato na misato, mpe bondeko to bokolo na mokili oyo mikozala kuna te.

Moko te akobenga mosusu 'tata', 'mama', 'muana mobali', to 'muana mwasi' na Lola ata soki bango bazalaka baboti mpe bana na mokili oyo. Ezali mpo ete bato nioso bazali bandeko mibali mpe bandeko basi lokola bana na Nzambe. Lokola bayebi ete bazalaka baboti mpe bana na mokili oyo mpe balinganaka mingi, bakoki kozala na bolingo ekesana mpona moko na moko.

Bongo boni soki mama akenda na bokonzi na mibale na Lola mpe muana na ye na mobali na Yelusaleme na Sika? Na mokili oyo yasolo, muana asengeli kosalela mama na ye. Na Lola, kasi, mama akongumbamela muana mpo ete akokani mingi na Nzambe Tata, mpe pole oyo ezali kobima na kati na nzoto na ye na Lola ekozala makasi mingi koleka oyo ya ye. Bongo, bokobenga basusu na nkombo mpe pete bozwaka na mokili oyo te, kasi Nzambe Tata Akopesa nkombo na sika, ekoka, oyo ezali na lolenge na molimo kati na yango na moto na moto. Ata na mokili oyo, Nzambe Abongolaka nkombo na Abalama na Abalayama, Sara na Sarai, mpe Yacobo na Yisalele, oyo elakisi ete abundaka na Nzambe mpe Alongaka.

Bokeseni Kati na Mibali Mpe Basi na Lola

Na Lola kobalana ezalaka te, kasi ezali na bokeseni malamu mingi kati na mibali mpe basi. Na yambo mibali bazali na molayi na metre moko na centimetre ntuku libwa mpe basi bazali moke na nse na bango.

Bato misusu bamitungisaka mingi likolo na molayi na bango na kozalaka mikuse mingi, kasi ezali na likambo na lolenge wana te na Lola. Lisusu, ezali na bosenga te na komitungisa likolo na molayi mpo ete bato nioso bakozala na molayi esengeli mpe banzoto kitoko.

Nzoto na Lola eyokaka kilo moko te ata soki ekomonana lokola ezali na yango, na bongo ata moto akotambola likolo na fololo, mikonyatama to kobeba soko moke te. Nzoto na Lola ekoki te kozala kilo, kasi ezali mpe te eloko na kopepama na mopepe mpo ete ezali na stabilite makasi. Kozala na kilo ata soki ekomonana te elingi koloba ete bozali na molayi mpe na lolenge na komonana. Ezali lokola tango bokotombola likasa, bokoyoka kilo moko te kasi boyebi ete ezali na kilo.

Suki ezali na langi na masangu na moke na ba mbonge likolo na yango. Suki na mibali ekokita kino na kingo, kasi molayi na suki na basi ekesana na mto na moto. Kozala na suki milayi mpona mwasi elakisi été azwa lifuti monene, mpe suki molayi koleka ekokita kino na loketo. Bongo, ezali nkembo makasi mingi mpe lokumu kozala na suki milayi mpona basi (1 Bakolinti 11 :15).

Na mokili oyo, basi mingi balikiaka mpe bamekaka na kozala na poso pembe mpe na sembe sembe. Basalelaka bakisi na poso mpona kobatela yango makasi mpe sembe sembe na masusa mooko te. Na Lola, bato nioso bakozala na poso oyo ezali ma lisusa te, mpenza pembe, petwa, na kongala na pole na nkembo.

Lisusu, wuta mabe ezali te na Lola, ezali na tina na kotia ba tile to komitungisa na libanda na nzoto mpo ete makambo nioso ezali kitoko kuna. Pole na nkembo oyo ewutaka na nzoto na Lola ekongala pembe koleka, petwa, mpe makasi kolandana na lolenge oyo moto na moto abulisamaka mpenza mpe akokanaki na motema na Nkolo. Lisusu, molongo ekokatelama na yango.

Motema na Bato na Lola

Bato na banzoto na Lola bazali na mitema na molimo yango mpenza, oyo ezali na lolenge na bonzambe mpe ezali na mabe moko te. Kaka lokola bato balingaka kozala mpe kosimba oyo ezali kitoko na mokili oyo, ata motema na bato na banzoto na Lola elingaka koyoka kitoko na basusu, etala bango mpe kosimba bango na esengo. Kasi, moyimi mpe baposa ezali soko te.

Lisusu, bato bambongwanaka na mokili oyo kolandana na lifuti na bango moko, mpe bakoyoka bolembu na makambo, ata soki mizali kitoko mpe malamu. Mitema na bato na banzoto na Lola ezali kilikili te mpe ebongwanaka te.

Ndakisa, bato na mokili oyo, soki bazali babola, bakoki kolia ata bilei na babola na esngo. Soki bakomi na makoki moke, bakosepela lisusu na oyo bamesanaka kolia na esengo te na liboso mpe bakokoba na koluka bilei malamu na koleka. Soki bosombi jouet na sika mpona bana, bazalaka na esngo mingi na ebandeli, kasi sima na mikolo mingi bakoyoka mabe mpona yango mpe bakoluka ya sika. Na Lola, kasi, ezali na makanisi na lolenge wana te, mpo ete soki bolingaka eloko, bokolinga yango libela.

2. Bilamba na Lola

Basusu bakoki kokanisa ete bilamba na Lola bikozala lolenge moko, kasi yango ezali bongo te. Nzambe Azali Mokeli, mpe mosambisi na Bosembo oyo Afutaka kolandana na oyo bosalaki. Bongo, kaka lolenge lifuti ezali na kokesana na Lola, bilamba mpe mikozala na kokesana kolandana na misala na mokili oyo (Emoniseli 22:12). Bongo elamba na lolenge nini bokolata na nzoto mpe lolenge nini bokobongisa miango na Lola?

Bilamba na Lola na ba Langi mpe Desin na Kokesana

Na Lola, moto nioso na momesano alataka bilamba na kongala, pembe, na petwa. Malamu lokola elamba na soi mpe pepele mingi lokola mizalaki na kilo te, mpe mikobinaka malamu mingi.

Lisusu, kolandana na lolenge bosalaka mpona bokonzi na Nzambe mpe bopesaka ye Nkembo, bilamba na lolenge na lolenge na ba lolenge mpe matiere mikopesamela bino.

Na mokili oyo, bato balataka bilamba na lolenge na lolenge kolandana na na mpifo mpe bozwui na bango. Na boye, na Lola, bokolata bilamba na ba langi mingi mpe ba lolenge na matiere ekopesa mpe lokola.

Lisusu, na mikolo na kala bato bazalaka koyebana mpifo na bozwi kolandana na ba langi na bilamba na bango. Na lolenge moko, bato na Lola bakoki koyeba botombwami mpe ebele na mabonza epesamela moto na moto ata na Lola. Kolata bilamba na langi moko boye mpe na lolenge na kokesana na basusu elakisi ete moto wana azwaki nkembo monene koleka.

Bongo, ba oyo bakota Yelusaleme na Sika to basalaka mingi mpona bokonzi na Nzambe bakozwa elamba kitoko, ba ba langi

langi, mpe na kongala mingi mingi koleka.

Bongo, soki bosalaka mpenza mingi mpona bokonzi na Nzambe te, bokozwa kaka bilamba moke na Lola. Na loboko mosusu, soki bosalaki mpenza makasi na kondima mpe bolingo, bokokoka kozwa bilamba mingi na kotanga te na ba langi mingi mpe ba desin.

Bilamba na Lola na ba decoration ebele

Nzambe Akopesa bilamba na ba decoration ekesana mpona kotalisa nkembo na moto na moto. Kaka lokola libota na bakonzi na mboka ya kala bazalaka kotalisa ebonga na bango na kotiaka ba decoration na motuya na bilamba na bango, bilamba na lola na ba decoration ekesana mikotalisa ebonga mpe nkembo na moto.

Ezali na ba decoration na kopesa matondi, masanjoli, mabondeli, esengo, nkembo, mpe bongo na bongo ete ekoki kotongama na bilamba na Lola. Tango bokoyemba masanjoli na bomoi oyo na makanisi na kopesa matondi mpona bolingo na ngolu na Nzambe Tata mpe Nkolo, to tango bokoyemba mpona kokumisa Nzambe, Akoyamba mitema na bino lokola solo malasi kitoko mpe akotia decoration na masanjoli na bilamba na bino na Lola.

Decoration na esengo mpe matondi ekotiama na kitoko nioso mpona bato oyo bazala mpenza na esngo mpe na kopesa matondi na mitema na bango na kokanisaka ngolu na Nzambe Tata oyo Apesaka bomoi na seko mpe bokonzi na Lola ata na kati na mawa mpe mimekano na mokili.

Elandi, decoration na mabondeli ekotiama mpona ba oyo babondela na bomoi na bango nioso mpona bokonzi na Nzambe. Kasi kati na ba oyo nioso, decoration kitoko koleka ezali oyo ya nkembo. Yango ezali ya pasi koleka mpona kozwa. Yango epesamaka kaka na ba oyo basala nioso mpona nkembo na Nzambe nna mitema na bango ya solo. Kaka lokola mokonzi to mokonzi na ekolo apesaka pete na motuya to na lokumu epai na soda oyo asala mosala na kokesana, decoration oyo na nkembo epesamaka mpenza na ba oyo basalaka makasi mingi mpona bokonzi na Nzambe mpe bapesaka nkembo makasi epai na Ye. Bongo, oyo akolata elamba na decoration na nkembo azali moko na bakolo koleka kuna na bokonzi na Lola.

Mabonza na Mintole na Mabanga na Talo

Ezali na mabanga mingi na talo na Lola. Mpe mabanga misusu mipesamaka lokola mabonza mpe mitiamaka na bilamba. Kati na buku na Emoniseli bokotanga ete Nkolo azali kolata montolo na wolo mpe mokaba monene na wolo pembeni na tolo na Ye, mpe miango mpe mizali mabonza Nzambe Apesaka Ye.

Biblia etalisi mintole na lolenge na lolenge. Lolenge na kozwa mintole mpe na motuya na mintole mikesana mpo ete mipesamelaka lokola mabonza.

Ezalaka na ba lolenge mingi na mintole epesamelaka kolandana na misala na moto na moto lokola mintole miye mikobebaka te epesamelaka na ba oyo bamekamaka na masano (1 Bakolinti 9:25), montole na nkembo epesamaka na ba oyo bapesaka nkembo na Nzambe (1 Petelo 5:4), motole na bomoi epesamaka na ba oyo bazalaka sembo kino pembeni na kufa (Yacobo 1:12; Emoniseli 2:10), mintole na wolo oyo ba mpaka 24 bazali kolata na zinga zinga na Nzambe (Emoniseli 4:4, 14:14), mpe montole na boyengebene mpona oyo ntoma Polo azalaka kolikya (2 Timote 4:8).

Lisusu, ezali na mintole na ba lolenge ndenge na ndenge oyo

badekora na mabanga na talo lokola motontole na decoration na wolo, montole na ba fololo, montole na Mangaliti, mpe bongo na bongo. Na lolenge na montole moto akozwa, bokoki koyeba bosantu na mabonza ma ye.

Na mabele oyo moto nioso akoki kosomba mabanga na talo soki azali na misolo, kasi na Lola bokoki kozala na mabanga na talo kaka tango mipesameli bino lokola mabonza. Makambo lokola bato boni bomemaka na lobiko, ebele na mabonza oyo bopesaka na motema na bosolo, mpe monene na bosembo na bino ekopesa bino mabonza na lolenge nini na kopesa. Bongo, mabanga na talo mpe mintole misengeli kokesana mpo ete mikopesama kolandana na misala na moto na moto. Lisusu, pole, kitoko, kongala, mpe ebele na mabanga na talo mpe mintole mikesana mpe lokola.

Ezali lolenge moko na bisika na kobika mpe ba ndako na Lola. Bisika na kobika mikeseni kolandana na kondima na moko na moko; monene, kitoko, kongala na wolo mpe mabanga misusu na talo mpona ba ndako na moto na moto mikesana nioso. Bokotala makambo mina nioso likolo na bisika na kofanda na Lola na chapitre 6 te likolo.

3. Bilei na Lola

Tango moto wa yambo Adamu na Ewa babikaka na Elanga na Edeni, bazalaka kaka kolia ba mbuma mpe ba ndunda na ba nkona (Genese 1:29). Kasi, tango Adamu abimisamaka na Elanga na Edeni mpona bozangi botosi na ye, bayaka kolia ba ndunda na mabele. Sima na mbonge monene, epesamelaka na bato kolia mosuni. Na lolenge oyo, moto akomaka mabe na koleka, lolenge na bilei mpe mimbongwanaka mpe lokola.

Nini bongo, bokolia na Lola, bisika mabe moko te ezali? Basusu bakoki komituna soki ba nzoto na Lola mpe esengeli na kolia. Na Lola, bokoki komela mai na bomoi, mpe kolia to koyoka solo na ba mbuma na lolenge lolenge mpona koyoka esengo.

Kopema na Banzoto na Lola

Na lolenge biso bato topemaka na mokili oyo, banzoto na molimo mipemaka mpe na Lola. Ya solo, nzoto na Lola esengeli na kopema soko moke te, kasi ekoki komipemisa na tango ezali kopema, lolenge bokopemaka na mokili oyo. Boye ekoki kopema kaka na zolo mpe monoko na yango te, kasi lisusu na miso to ba cellule nioso na nzoto, to ata na motema.

Nzambe Apemaka solo na malasi na mbeka na mitema na biso mpo ete Azali Molimo. Azalaka na esengo na mpona mbeka na bayengebene mpe mpe alumbaka solo malasi kitoko na mitema na bango na Boyokani na Kala (Genese 8 :21). Na Boyokani na Sika, Yesu, oyo Azali petwa na mbeba moko te ; Amikabaka mbeka mpona biso, mpe libonza epai na Nzambe lokola solo na malasi kitoko (Baefese 5 :2).

Bongo, Nzambe Ayambaki solo malasi na mbeka na mitema na bino tango bokosanjola, kobondela to koyemba na motema na solo. Na Lolenge bokokokana na motema na Nkolo mpe bobomi bayengebene, bokoka kopanza solo na Yesu, mpe bokoyambama lokola libonza na motuya epai na Nzambe. Nzambe Akoyamba masanjoli na bino mpe mabondeli na esengo o nzela na kopema.

Na Matai 26:29, bokomona ete Nkolo Azali kobondela mpona bino wuta mokolo Anetwama na lola, na kolia eloko moko te mpona ba mbula nkoto mibala. Na lolenge eyo, na Lola, Nzoto na Lola ekoki kobika ata soki elei to epemi te. Bino moko bokobika mpona libela na tango bokokenda na Lola mpo ete bokombongwana na nzoto na molimo iye ekobebaka te.

Tango nzoto na molimo ekopema, kasi, ekoki koyoka esengo na sai na koleka, mpe molimo mokozongisama elenge mpe na sika. Kaka lokola bato babongisaka bilia na bango mpona kobatela nzoto kitoko, nzoto na molimo esepelaka na kopema solo na malasi na Lola.

Bongo tango ba fololo na lolenge mingi na ba mbuma mikopesa solo na yango, ba nzoto na molimo mikopema kati na ba solo mina. Ata soki bafololo ekopesa solo na lolenge moko sima na tango mpe lisusu, ikozala tango nioso na esengo.

Lisusu, tango nzoto na molimo ekoyamba solo malamu na ba fololo mpe na ba mbuma, solo ekokota na kati na nzoto lokola malasi. Nzoto ekobimisa solo ina kino tango ikolimwa mpenza mpenza. Na lolenge boyokaka malamu tango botiaka malasi na mokili oyo, nzoto na molimo ikoyoka esengo mpona koyoka solo mpo na malasi kitoko.

Kobimisa na Nzela na Pema

Lolenge nini bongo, bato bakoliaka mpe bakokoba na kobika. na Lola? Kati na Biblia bomoni Nkolo kobimela bayekoli na Ye sima na Lisekwa, mpe abimisaka na mpema (Yoane 20:22) to Aliaka mua bilei (Yoane 21:12-15). Tina Nkolo oyo Asekwa Aliaka mua bilei ezalaka te mpo ete Azalaka na nzala, kasi kokabola esengo na bayekoli na ye mpe Alimbolela bino ete bokolia na Lola lokola ba nzoto lokola ba nzoto na Lola. Tala ntina Biblia etalisaka ete Yesu Christu Aliaka mua lipa na mbisi lokola bilei na ntongo sima na lisekwa na Ye.

Sik'awa ntina nini Biblia elobeli bino ete Nkolo Apemaka libanda ata sima na lisekwa na Ye? Tango bokolia bilei na Lola, yango ekopanzana mbala moko na monoko mpe ekobima lokola tokendaka na nzongo na nzela na mpema. Na Lola, bilei ekitaka na ngonga moko, mpe ikolongwa nzoto na nzela na mpema. Boye ezali na tina moko te na kosumba to nzongo. Boni malamu mpe nkamwa ezali ete bilei eliami elongwa nzoto na nzela na mpema lokola solo malasi mpe epanzana!

4. Masini na Komema Bato na Lola

Kati na Lisituale na bato, na lolenge civilisation na mayele ikokobaka, makambo na ba transport na mbangu koleka mpe malamu lokola lokola mituka, ba wagon, mituka minene, masua, train, pepo, mpe bongo na bongo mibimisama.

Ezali na ba Transport na lolenge mingi mpe lokola na Lola.

Ezali na lolenge na ba transport na bato nioso lokola ba train na Lola mpe ba lolenge na bato bango moko lokola mituka na mapata mpe ba wagon na wolo.

Na Lola, ba nzoto na Lola mikoki kokenda mbangu mpenza mpe ata kopumbwa mppo été yango etombwama likolo na tango na espace, kasi epesaka esengo na koleka kosalela transport ipesamelami lokola mabonza.

Mobembo na ba Transport na Lola

Boni sai mpe esengo yango ekozala soki bokokaki kobembuka na komonaka bisika ioso na Lola mpe komona makambo nioso na kitoko mpe na kokamwisa miye Nzambe Asala!

Bisika nioso na Lola ezali na kitoko na yango moko, mpe bokoka kosepela na eteni nioso na yango. Kasi, mpo ete motema na ba nzoto na Lola mikombongwanaka te, ekobayaka to kolembaka te na kotalaka bisika moko mpe lisusu. Bongo kobembuka na Lola ezalaka tango nioso na kosepelisa mpe likambo na motuya na kosala.

Ba nzoto na Lola misengeli te kozala na kati na ba transport na lolenge nini mpo ete mikolembeke te mpe mikoki ata kopimbwa. Kasi, kosalela mituka na lolenge na lolenge ikosalaka ete yango iyoka malamu kingi. Ezali lokola kobembuka kati na bisi ezalaka malamu moke koleka kotambola na makolo, mpe kobembuka na taxi to na kopusa motuka na yo moko ezalaka mpe likolo na kobembuka na bisi to kozwa metro na mokili oyo.

Bongo soki bokobembuka na train na Lola, oyo ebongisama na ba langi mingi na ebele na mabanga na talo , bokoka kokende na bisika na bino ata soki mabende bisika yango ebembukaka mizali te, mpe ikoki kokenda na loboko na mobali to na mwasi, komata likolo to kokita na nse.

Tango bato na Paradiso bakokenda na Yelusaleme na Sika, bakobembuka na train mpo ete bisika mibale mana mizali mosika. Yango ekozala mpenza likambo na koningisa mitema na abembuki, na kopimbwa kati na ba pole makasi, bakokka komona mokili kitoko na Lola o nzela na ba tala tala. Bakoyoka kuta esengo na koleka na likanisi ete bakei na komona Nzambe Tata.

Kati na ba Transport na Lola, ezali na wagon na wolo oyo moto na motuya na Yelusaleme na Sika akopusa tango azali kokenda a kobembuka na Lola. Ezali na mapatu na pembe, mpe ezali na buton kati na yango. Na buton wana, ikoningana mobimba na mabala moko, mpe ekoki kokende to ata kopimbwa na lolenge nkolo na yango alingi.

Mituka na Mapata

Mapata na Lola mizali lokola ba decoration mpona kobakisa na kitoko na Lola. Bongo tango ba nzoto na Lola mikokende bisika bisika kati na mituka na mapata, nzoto ikongala lisusu koleka soki izalaki na kati na yango te. Ikokoka mpe momema basusu bayoka mpe basosola kibonkonzi, nkembo, na mpifo na nzoto na molimo kati na lipata.

Biblia elobi ete Nkolo Azali kozonga na mapata (1 Batesaloniki 4:16-17), mpe yango ezali mpo ete koya na mapata na nkembo ezali na lokumu koleka, bokonzi, mpe kitoko mbe koya kaka bongo na mipepe. Na lolenge moko mapata na Lola mizalaka mpona kobakisa nkembo na bana na Nzambe.

Soki bokoki mpona kokota Yelusaleme na Sika, bokoka kozala na motuka na mapata na nkamwa koleka. Yango ezali te lipata isalema na milinga na mai lokola na mokili oyo, kasi isalema na mapata na nkembo na Lola.

Motuka na lipata etalisaka nkembo, bokonzi, mpe mpifo na mokolo na yango. Kasi, ezali moto nioso te nde akoki kozala na motuka na lipata mpo ete epesamelaka kaka na ba oyo basengeli na koingela na Yelusalema na Sika na kobulisama na kokoka mpe nakozala sembo na ndako nioso na Nzambe.

Ba oyo bazali kokota Yelusaleme na Sika bakoki kokende bisika nioso na Nkolo na mituka na mapata. Na tango na kokende wana, mapinga na Lola na banje bazali kolanda bango mpe kosalela bango. Ezali kaka lolenge ba nkumu basalelaka mokonzi na ekolo to muana na mokonzi tango akokende na mboka. Bongo, kolanda na misala na manpinga na Lola na banje na mosika etalisaka mpifo na Nkembo na mokolo na yango.

Mituka na Nkembo na momesano etambwisamaka na banje. Ezalaka na kiti moko mpona nkolo na motuka na yango to bakiti ebele mpona kosalelama na bato ebele. Tango moto na Yelusaleme na Sika azali kobeta lisano na golf to akotambola na elanga, motuka na lipata ekoya na kotelema na makolo na nkolo na yango. Tango akokota na kati na yango, motuka ekokende malembe bisika bale ezali na ngoga moko.

Kanisa bozali kopimbwa na mapata, kati na motuka na lipata na etuluku na mapinga na Lola na banje na Yelusaleme na Sika. Lisusu, kanisa ete ozali kopusa motuka na lipata elongo na Nkolo, to ozali kobembuka na motuka na lipata elongo na Nkolo, to ozali kobembuka na Lola monene kati na train na Lola elongo na ba oyo ya yo wa bolingo. Bokokamatama kutu solo na esengo.

5. Makambo na kosepelisa na yango Nzoto na Lola

Basusu bakoki na kokanisa ete ezali na esngo te na kobika lokola nzoto na molimo, kasi soko te. Bolembaka to bokokaka te kosepela na lolenge ekoki na esengo na mokili oyo na mosuni, kasi na mokili na molimo, "Kosepelisa nzoto" ezalaka sika mpe ezongisaka makasi na tango nioso.

Bongo ata na mokili oyo, na lolenge bokokisi molimo na kokoka, bolingo na mozindo bokoki kozala na yango mpe bato na esengo na koleka bokozala. Na Lola, bokoka kosepela kaka makambo bomesana te kasi mpe masano na lolenge na lolenge, mpe ekoki te na kopimama na kosepelisa na masano moko na mokili oyo.

Kosepela biloko tomesana mpe Masano

Kaka lolenge bato na mokili oyo bakolisaka makoki na bango mpe bafulisaka bomoi na bango na makambo oyo balingaka, bokoki na kozala mpe kosepela na makambo bolingaka na Lola. Bokoki kobandela makambo oyo bolingaka na mokili oyo, mpe lisusu makambo oyo boboyaka kosala mpona kokokisa mosala na Nzambe na lolenge bokolinga. Bokoki mpe koyekola makambo na sika.

Ba oyo balingaka misiki bakoki kosanjola Nzambe na kobeta lindanda. To bokoki koyekola kobeta piano, flute, to makambo mingi koleka, mpe bokoki koyekola mingo mpenza nokinoki mpo ete moto nioso akomi mayele na koleka na Lola.

Bokoki mpe kozala na masolo mokili mpe ba nyama na Lola mpona kobakisa esengo na yo. Ata ba nzete mpe ba nyama bakoyebaka bana ba Nzambe, bakotombela bango boyei malamu, mpe bikotalisa bango bolingo mpe limemia.

Lisusu, bokoki kosepela masano mingi lokola tenisi, baskeball, kobwaka mbuma, kobeta golf, kobwaka ndembo kasi masano lokola kondongwana to kobeta makofi oyo ekoki kosala basusu mabe soko te. Biloko mpe makambo na mimekano mikosalaka ban=to mabe soko moke te. Misalama na makambo na kokamwisa mpe mibongisama na wolo na mabanga na talo mpona kopesa sai na esngo mingi na tango tokoosepela na masano.

Lisusu, equipement na masan ekososola motema na bato mpona kopesa esengo na koleka. Ndakisa, soki bozali kobeka ba mbuma, mbuma to esakaneli ekobongola ba langi na yango, mpe mikobongama mpe na lolenge bolingeli miango. Ba nzete na yango mikokweya na ba langi kitoko mingi mpe na makelele kitoko. Soki bolingi kopesa epai na moninga na bino, ba nzete na masano mikoningana kolandana na mposa na bino mpona kobakisa esengo.

Na Lola mabe ezali te oyo elingaka kolonga to kokweisa moto mosusu. Kopesa esengo mpe kobakisela mosusu libonza yango nde kolonga lisano. Basusu bakoki komituna na ntina na lisano yango oyo ezali na molongo mpe mokwei te, kasi na Lola okoki te kozwa esengo na kolonga moto mosusu. Kobeta lisano yango moko ezali esengo.

Ya solo, ezali na masano na oyo bokozwa esengo na nzela na momekano malamu. Ndakisa, ezali na lisano wapi bokolonga kolandana na ba solo boni bolumbi na kati na fololo, na lolenge nini bosangisi ba solo mina na lolenge malamu koleka mpe bobimisi basolo malamu koleka, mpe bongo na bongo.

Masano na Lolenge na Lolenge

Basusu kati na ba oyo balingaka masano bakomitnaka soki ba ndako na masano mikozala kuna na Lola. Ya solo ezali na masano mingi maye mazali kosepelisa koleka oyo na mokili oyo.

Masano na Lola na bokeseni na bba oyo na mokili, mikolembisa bino soko te to kolembisa miso na bino. Bokotikala na kobaye te mpona yango. Kutu, mizali kozonisa bino bilenge mpe na kimia. Tango bokolonga too bozwi ba point minene, bokoyoka esengo na koleka mpe bokobungisa kosakana soko moko te.

Bato na Lola bazali na ba nzoto na Lola, nde bbayokaka kobanga te tango mituka to ba train na masano makokita mbangu makasi. Bango bakoyoka kaka esngo. Nde ata moto azalaka na bobangi na mokili oyo akoki kosepela na makamboo mana lolenge alingi kuna na Lola.

Ata sooki bokwei na masano mana , bokotikala na kozoka te mpo ete bozali na ba nzoto na Lola. Bokoki kokweya na malamu mpenza lokola mokolo na masano na bitumba, to banje bakobatela bino. Bongo banza komata na train na masano, konganga elongo na Nkoolo, mpe ba oyo nioso bolingaka. Boni esengo mpe kosepelisa yango ekozala!

6. Masanjooli, Kotanga, mpe Lolenge na Kobika na Lola

Ezali na tina te na kosala mpona bilei, milato, ba ndako na Lola. Nde basusu bakoki na komituna, "Nini tokosala mpona libela? Bongo biso tokokoma batu basungaka te?" Kasi, ezali na tina na komitungisa soko te.

Na Lola, ezali na makambo mingi mpenza oyo bokoki na kosepela na yango mpenza. Ezali na makambo mingi na kolanda mpe na motuya mpe makambo lokola masano, kotanga, masanjoli, bilambo, ba feti minene, mibembo na masano.

Bosengami te too botiingikami na maksi komikotika na makambo mana. Bato nioso basalaka makambo na mposa na bango moko, mpe na esengo mpo ete makambo nioso bokosalaka mikopesaka bino ebele na esengo.

Masanjoli na Esengo Liboso na Nzambe Mokeli

Kaka na Lolenge bokotaka na mayangani mpe bosanjolaka Nzambe na tango moko esengeli ma ,okili oyo, bosanjolaka Nzambe na tango moko boye mpe lokola na Lola. Ya solo, Nzambe Ateyaka mateya mpe na nzela na mateya ma Ye, bokoki koyekola likolo na Nzambe Ebandeli mpe mokili na molimo oyo ezanga ebandeli mpe na suka.

Na momesano, ba oyo bazalaka na kozwa makasi na ba kelasi na bango batalaka liboso mpe na komona balakisi na bango. Ata kati na bomoi kati na kondima, ba oyo balingaka Nzambe mpe bangumbamelaka na molimo mpe na solo bakotalaka na liboso na mayangani mingi mpe na koyokaka mongongo na mobateli mpate oyo ateyaka liloba na bomoi.

Na tango bokei na Lola, bozali na esengo na sai kati na masanjoli epai na Nzambe mpe bozali kolikya na koyoka Liloba na Nzambe. Bokoki koyoka Liloba na Nzambe na nzela na mayangani, kozala na tango na koyoka Nzambe, to koyoka Liloba na Nkolo. Lisusu, ezali na tango na mabondeli. Kasi, bokobeta mabolongo te mpe kosambela na miso na bino na kokanga lolenge na mokili oyo. Ezali tango na kosolola na Nzambe. Mabondeli na Lola ezali tango na lisolo na Nzambe Tata, Nkolo, Molimo Mosantu. Boni esengo na kosepelisa ba tango wana mikozala !

Bokoki mpe kosanjola Nzambe lolenge bosalaka na mokili oyo. Kasi, kasi ezali na monoko moko te na mokili oyo, kasi bokosanjola Nzambe na banzembo na sika. Ba oyo bakenda na mimekano elongo to bandeko na lingomba moko na mokili oyo bakosangana elongo na mobateli mpate na bango mpona kosanjola mpe kozala na tango na bosangana.

Bongo, lolenge nini bato bakosanjolaka na Lola, mpe mingi wuta bisika na bango na kobika mikesana kati na Lola? Na Lola, ba pole na ba nzoto na Lola mikesana na bisika na bisika na kobika, nde bakodefa bilamba misengeli mpona kokende na bisika misusu na etape na likolo. Na boye mpona kokende na mayangani na Yelusalema na Sika, oyo ezipama na pole na nkembo, bato nioso na bisika misusu basengeli kkkodefa bilamba misengeli.

Boye, kaka lolenge bokoki kokota mpe kotala mayangani moko na nzela na satelite na mokili mobimba na ngonga moko, bokoki kosla likambo moko na Lola. Bokoki kokota mpe botala mayangani ekosalema na Yelusalemae na Sika na bisika misusu na Lola, kasi bitando na Lola ezali mpenza miye misengeli nde bokoyoka lokola bozali kati na mayangani bino mpenza.

Lisusu, bokoki kobengisa ba tata na kondima lokola Mose na Polo ba ntoma mpe bosanjola na bango elongo. Kasi, bosengeli kozala na mpifo na molimo esengeli mpona kobengesa bato minene wana.

Koyekola likolo na makambo na Sika mpe Mozindo na Mabombami na Molimo

Bana na Nzambe bayekolaka makambo mingi na molimo na tango bazali koleka na mokili oyo, kasi oyo bayeklaki na mokili oyo ezali kaka etape na komata mpona kokende na Lola. Sima na kokota Lola, bakobanda na koyekola likolo na mokili na sika.

Ndakisa, tango bandimi na Yesu bakokufa, libanda na ba oyo bazali kookende na Yelusalema na Sika, bakozala na bisika na suka na Paradiso, mpe kuna bakobanddsa na koyekola moke na mibeko na Lola o nzela na banje.

Kaka lolenge bato na mokili oyo basengeli koyekola mpona komesana na mokili na tango bazali kokola, mpona kobika na mokili na sika na molimo, basengeli kolakisa bino na malamu lolenge nini bokomikamba.

Basusu bakoki komituna tina nini basengeli kotanga na lola na tango basili koyekola makambo mingi na mikili oyo. Kotanga na mokili oyo ezali mabongisi na nzela na molimo, mpe koyekola na solo ikobanda kaka na tango bokokota na Lola.

Na Lolenge moko, ezali na suka te na koyekola mpo ete bokonzi na Nzambe ezanga suka mpe ekozala mpona seko. Ata mbala boni bokoyekola, bokoka te koyekola nioso likolo na Nzambe oyo Azala liboso na ebandeli. Bokoka te koyeba na mobimba na mozindo na Nzambe oyo Azala na bomoi na seko, oyo Azala kokonza univer mobimba mpe biloko nioso na kati na yango, mpe oyo Akozala kuna na seko.

Bongo, bokoki kososola ete ezali na makambo mazanga suka na koyekola soki bokei na mokili na molimo oyo ezanga suka, mpe koyekola na molimo ezali mpenza esengo mpe kosepelisa, na bokeseni na kotanga na mokili oyo.

Lisusu, koyekola na molimo ezalaka na mitungisi te mpe ezalaka na momekano te. Bokotikala te kobosana oyo boyekolaka, bongo ezali pasi soko te to kolembisa. Bokotikala na kobaye te to kobanza banza na Lola. Bokozala kaka na esengo na koyekola makambo na kokamwisa mpe ma sika.

Ba Feti, Bilambo, na mabima mpe ba Nzembo

Ezali na ba feti na lolenge na lolenge na Lola mpe lokola. Ba feti mana mizali suka na bisengo na Lola. Ezali bisika bozali kosepela sai na esengo na kotala bofuluki, bonsomi, kitoko, mpe nkembo na Lola na ngonga moko.

.Kaka lokola bato na mokili oyo bamibongisaka malamu koleka mpona kokenda ba feti kitoko na koleka, kolia, komela, mpe kosepela na makambo maleki kitoko, bokoki kozala nna ba feti na bato ba mibonzisi mpenza malamu. Ba feti matondisamaka na mabinna malamu, ba nzembo, mpe makelele na koseka na esengo.

Lisusu, ezali na bisika lokola ndako na Carnegie na New York City to ndako na Opera na Sydney na Australie bisika wapi bokoki na kosepela mabina na ba nzembo mingi. Ba nzembo na mabina na Lola mazalaka te mpona komilakisa kasi kaka mpona kopesa lokumu na Nzambe, kopesa sai na esengo na Nkolo mpe kokabola yango na bato misusu.

Bayembi bazali ba oyo basanjolaka mingi Nzambe na mokili oyo na masanjoli, mabina, mandanda, mpe babetaka miango na mokili oyo. Tango misusu bato oyo bakoki kobeta miziki na lolenge moko lokola bosalaka na mokili oyo oyo bokokaka kobeta te na mpona likambo moko boye, bokoka kosanjola Nzambe na ba nzembo na mabina na sika.

Lisusu, ezali na ba ndako na cinema bisika bokoki kotala ba filme. Na Bokonzi na Liboso to na Mibale, bamesana na kotala na ba ndako na bato nioso. Na Bokonzi na Misato mpe Yelusaleme na Sika, mofandi moko na moko azali na makambo na ye moko kati na ndako na ye. Bato bakoki kotala ba filme na bisika na bango moko to kobengisa balingami na bango mona filme tango bazali kolia snack.

Kati na Biblia, ntoma Polo akenda na Lola na Misato, kasi akokaki te koyebisa basusu (2 Bakolinti 12:4). Ezali pasi mingi kotika bato basosola Lola ezali mokili eyebana to esosolama na bato te. Kutu, ezali na libaku ete bato basosola malamu te.

Lola ezali na mokili na molimo. Ezali na makambo mingi oyo bokoki te kososola to kokanisa na Lola, bisika wapi etondisama na esengo na sai oyo bokoki te koyoka na mokili oyo.

Nzambe abongisa Lola kitoko boye mpona bino kobika, mpe Azali kopesa bino makasi mpona kozala na makoki masengeli mpona kokota o nzela na Biblia.

Bongo, nabondeli na nkombo na Nkolo ete bokoka koyamba Nkolo na esengo na makoki masengeli oyo esengeli mpona kobongama lokola muasi na Ye na libala tango Akozonga.

Chapitre 6

Paradiso

1. Kitoko mpe Sai Kati na Paradiso
2. Bato na Lolenge Nini Bakendaka na Paradiso?

Yesu Alobaki na ye ete, "Nalobi na yo solo ete lelo okozala na ngai elongo kati na Paradiso"

- Luka 23:43 -

Ba oyo nioso bandimela Yesu Christu lokola Nkolo mpe Mobikisi na bango ba ba oyo bankombo na bango mikomama kati na buku na bomoi bakokoka kosepela bomoi na seko na Lola. Nalimbola ete kasi, ezali na bitape kati na bokoli kati na kondima, mpe bisika na kobika, mintole, mpe mafuti mipesamaka na Lola mikotala kaka kondima na moko na moko.

Ba oyo bakokani mingi na motema na Nzambe na Nzambe bakobika penepene na Ngwende na Nzambe, mpe mosika bango bakozala na Ngwende na Nzambe moke bokokani na bango na motema na Nzambe ikozala.

Paradiso ezali esika na mosika koleka na Ngwende na Nzambe yango ezali na pole moke koleka na nkembo na Nzambe, mpre ezali etape na mkoke koleka na Lola.

Kasi, ezali ata na bokokani na kitoko soko moko te na mokili oyo, ata na kitoko mingi koleka Elanga na Edeni.

Bongo, bisika na lolenge nini Paradiso ezali mpe bato na lolenge nini bakendaka kuna?

1. Kitoko na Esengo na Paradiso

Bisika na suka na Paradiso ezosalema lokola bisika na Kozela kino mokolo na esambiseli Monene na Ngwendde na Pembe (Emoniseli 20:11-12). Longola ba oyo basi bakenda Yelusaleme na Sika sima na bango kokokisa motema na Nzambe, mpe bazali kosunga na misala na Nzambe, bato nioso oyo babikisama wuta ebandeli bazali kozela na suka na Paradiso.

Bongo bokososola ete Paradiso ezali mpenza monene ete bisika na ye na suka esalelami lokola bisika na kozela mpona bato ebele mingi mpenza. Ata soki Paradiso oyo monene ezali bisika na nse koleka na Lola, ezali esika kitoko koleka mpe na esengo oyo ekoki te kopimama na esika moko kati na mokili oyo, Nzambe Alakelaka mabe.

Lisusu, mpo ete ezali bisika wapi baa oyo bazala kokolisama na mokili oyo bakokota , ezali na esengo mingi koleka na sai koleka na Elanga na Edeni bisika moto wa yambo Adamu Abikaka.

Sik'awa. Tika totala kati na kitoko na esengo na Paradiso oyo Nzambe Atalisa mpe Alinga toyeba.

Elanga Monene Etondisama na Banyama Kitoko na ba Fololo mpe ba Nzete

Paradiso ezali lokola elanga monene, mpe kuna ezali na bitando malamu na matiti mpe bilanga kitoko. Banje ebele bazali kobatela mpe kobongisa bisika yango. Konzemba na bandeke mizali mpenza koyokana malamu mingi, mpe mikopanzana Paradiso mobimba. Bikomonana kaka lolenge na ba ndeke na mokili oyo, kasi bizali monene moke koleka ba oyo na mokili oyo mpe bizali na masala kitoko. Konzemba na bango na etuluku izali mpenza kitoko.

Lisusu, ba nzete na ba fololo kati na bilanga mizali mpenza sika mpe kitoko. Banzete na ba fololo na mokili oyo mikawukaka na boleki na ntango, kasi ba nzete mizalaka ytango nioso langi na pondu mpe ba fololo mikawukaka te na Paradiso. Tango bato bakopusanaka pembeni, ba fololo misekaka, mpe tango misusu mikobimisaka solo malasi na bango moko na mosika.

Ba nzete kitoko mikobotaka ba mbuma na lolenge lolenge. Mizali minene koleka ba mbuma na mokili oyo. Poso na yango ikongalaka mpe mikomonana kitoko mpenza. Bongo bosengeli te kolongola poso mpo ete mputulu to misopi mizalaka te. Boni kitoko mpe esengo ekozala na esika bisika wapi bato bafandi na etuluku na etando na elanga kitoko mpe bazali kosolola, na bitunga mitondisama na ba mbuma ebele kitoko mpe elengi?

Lisusu, ezali na ba nyama ebele na etando monene. Kati na bango ezali na ba kosi miye mikoliaka matiti na kimya, mpe lokola. Mizali minene koleka oyoo na mokili oyo, kasi misalaka bato mabe soko mke te. Mizali mpenza kitoko mpo ete mizali na ezaleli na kimya mpe petwa, na ba suki na kongala.

Ebale na Mai na Bomoi Ikotiolakka na Kimya

Ebale na Mai na Bomoi ikotolaka na Lola mobimba, kobanda na Yelusaleme na Sika kino Paradiso, mpe mikawukaka soko te to mikobebaka te. Mai na Ebale oyo ewutaka na Ngende na Nzambe mpe ikozongisa makambo nioso sika etalisaka motema na Nzambe. Ezali makanisi kitoko mpe na petwa oyo ezanga mbeba mpe na pamela moko te na kongala ezanga na molili. Motema na Nzambe ekoka mpe ekokisaka nioso.

Ebale na Mai na Bomoi oyo ezali kotiola na kimya ezali lokola mai na ebale monene oyo engalaka na mokolo na moi makasi. Imonanaka mpenza malamu mpe ikoki te kopimama na mai na lolenge nini na mokili oyo. Na kotalaka na mosika, ekomonana bleu, mpe ezali lokola mozindo na mai monene na mediteranee to ocean atlantique.

Ezali na ba banc kitoko na nzela na pembeni na pembeni na Ebale na Mai na Bomoi. Zinga zinga na ba banc ezali na ba nzete na bomoi miye mikobotaka ba mbuma na sanza nioso. Ba mbuma na ba nzete na bomoi mizali minene koleka ba oyo na okili oyo, mpe mikolumbaka mpe mizali mpenza kitoko na kliama nde mikoki te na kolimbolama malamu. Misanganaka kati na monko lokola coton na bonbon tango bokotiaka moko na yango na monoko.

Ndako na Moto Ye Moko Ezalaka te na Paradiso

Bato na Paradiso balataka bilamba na pembe na esoneli moko, kasi kasi ezali na mabongisi moko te lokola broche mpona elamba to motole to pete moko te likolo na suki. Ezali mpo ete basalaka eloko moko te mpona bokonzi na Nzambe na tango bazalaka kobika na mokili.

Boye, ba oyo niso bakenda na Paradiso bazali na lifuti moko te, ezali na ndako na moto ye moko te, montole, mabongisi, to banje mpona kosalema moto ye moko te. Ezali kaka na bisika mpona milimo mikobikaka na Paradiso kozala. Bazali kobika na bisika wapi bakosunganaka.

Ezali lolenge moko na Elanga na Edeni wapi ezali na ndako na moto ye moko te mpona bafandi kuna, kasi ezali na bokeseni makasi na esengo kati na bisika oyo mibale. Bato na Paradiso bakoki kobenga Nzambe "Abba Tata" mpo ete bandimelaka Yesu Christu mpe bayambaka Molimo Mosantu, nde bakoyoka esengo oyo ekoki te kopimama na oyo na Elanga na Edeni.

Na boye, ezali lipamboli mpe likambo na motuya ete bobotami na mokili oyo, bokutani na makambo nioso na malamu mpe na mabe, bokomi bana na solo na Nzambe, mpe bozwi kondima.

Paradiso Etondisama na Kosepela mpe na Esengo

Ata bomoi kati na Paradiso etondisama na kosepela mpe na esengo kati na solo mpo ete ezali na mabe moko te mpe moto nioso alukaka liboso lifuti na mosusu. Moto moko te asalaka mosusu mabe kasi kaka kosalelana kati na bolingo. Boni kosepelisa bomoi oyo ekozala!

Lisusu, na komitungisa te mpona bisika na kofanda, bilamba, mpe bilei mpe na likambo ete kolela ezali te, mawa mpe te, bokono, pasi to kufa te ezali esengo yango mpenza.

Akolongola mpinsoli yonso na miso na bango, mpe kufa ekozala lisusu te, na mawa, na kolela, na mpasi, lisusu mpe te. Mpo ete makambo na liboso masili koleka (Emoniseli 21:4).

Bomoni mpe ete kaka lokola ezali na anje mokolo kati na banje nioso, ezali mpe na molongo kati na bato na Paradiso, bakolo na bango mpe ba oyo batalisami. Mpo ete mosala na moko na moko kati na kondima ekesana, ba oyo bazali na mua kondima na likolo batiama lokola bakolo mpona kokamba bisika to etuluku na bato.

Bato wana balataka bilamba mikesana na oyo na bato nioso kati na Paradiso mpe bazalaka na priorité na makambo niso. Yango ezali eloko moko te na bosembo te, kasi esalemaka kolandana na bosembo na Nzambe na kopesa kolandana na misala na moko na moko.

Mpo ete zua mpe likunia ezalaka te na Lola, bato bayokaka mabe to motema psi te tango biloko malamu mipesami na basusu. Kutu, bazalaka na esengo mpe na lolendo na komona basusu kozwa mabonza malamu.

You should realize that Paradise is incomparably the more beautiful and happier place than this earth.

Bato na Lolenge Nini Bakendaka na Paradiso?

Paradiso ezali bisika malamu oyo esalema kati na bolingo mpe mawa na Nzambe. Ezali esika mpona ba oyo bakokaki te mpenza kobiangama bana na Nzambe na solo solo, kasi bayeba Nzambe mpe bandimelaka Yesu Christu, mpe na bongo bakoki te kotindama na lifelo. Bongo bato na lolenge nini bakendaka na Paradiso?

Kotubela kaka Liboso na Kufa

Yambo, Paradiso ezali bisika mpoona ba oyo batubelaki kaka liboso na kufa na bango mpe bandimelaka Yesu Christu mpona kobika, lokola moyibi oyo abakamaka na loboko moko na Yesu. Soki bokotanga na Luka 23:39 kino likolo, bokomona ete babomi mibale babakamaka na ngambo na ngambo na Yesu. Moko azalaka kotuka Yesu, kasi oyo na mibale azalaka kopamela ye, atubelaka, mpe andimelaka Yesu lokola Mobikisi na ye. Bongo, YEsu Alobelaki ye oyo atubelaki ete abikisamaki. Alobaki na mobomi ete, "Solo Nalobi na yo ete, lelo okozala na ngai elongo na Paradiso." Moyibi oyo awutaki kaka kondimela Yesu lokola Mobikisi na ye. Atikala soko kolongola masumu ma ye te to kobika kolandana na Liloba na Nzambe te. Mpo été andimelaka kaka Nzambe liboso na ye kokufa, azalaka na ngonga te na koyekola likolo na Liloba na Nzambe mpe abika kolandana na yango.

Bosengeli kososola ete Paradiso ezali mpona ba oyo bandimeli Yesu Christu, kasi batikala te kosala eloko mpona bokonzi na Nzambe, lokola etalisami mpona moyibi oyo na Luka 23.

Kasi soki bokokanisa ete, 'Nakondimela Nkolo kaka liboso

na ngai kokufa mpo ete nakoka kokota na Paradiso oyo ezali mpenza na bisengo mpe na kitoko, mpe ekoki te kopimama na mokili oyo,' ezali likanisi mabe. Nzambe Andimela moyibi na loboko moko abika mpo ete Ayebaka ete moyibi azalaka na motema malamu mpona kolinga Nzambe kino suka mpe na kobwakisa Nkolo te soki azalaka na tango molayi na kobika.

Kasi, ezali moto nioso te nde akoka kondimela Nkolo kaka liboso na kufa, mpe kondima ekoki te kopesamela ye na ngonga wana kaka. Boye, bosengeli kososola ete libaku malamu na lolenge oyo epesamaka mpenza te bisika wapi moyibi na loboko na Yesu abikaka kaka liboso na kufa na ye.

Lisusu, bato oyo bazwaka lobiko na nsoni bazali naino na mabe mingi kati na mitema na bango ata na tango babikisami, mpo ete babikaka loolenge balingaka.

Bakopesa kaka matondi na Nzambe mpona libela kaka mpo ete bango bazali kati na Paradiso mpe bazali kosepela bomoi na seko na Lola kaka na kondimelaka Yesu Christu lokola Mobikisi na bango, ata soki batikala kosala eloko moko te na kondima nna mokili oyo. Paradiso ekesana mpenza na Yelusaleme na Sika, bisika Ngwende na Nzambe ezali, kasi mpo ete bakei lifelo te kasi babikisami kaka ekokomisa bango na esengo na sai mingi.

Bozangi na Bokoli na Kondima na Molimo

Ya mibale, ata soki bato bandimelaki Yesu Christu mpe bazali na kondima, bakozwa lobiko na soni mpe bakokende na Paradiso soki bokoli moko te ezalakaki na kondima na bango. Kaka bandimi na sika te kasi ata lisusu ba oyo bandimelaka mpona tango molayi basengeli bakende na Paradiso soki kondima na bango etikalaka na etape wa yambo kati na kondima tango nioso.

Mbala moko, Nzambe Andimelaka ngai nayoka litatoli na mondimi oyo azalaka na kondima mpona tango molayi, mpe azali sasaipi na bisika na kozela na Lola na suka na Paradiso.

Abotamaka na libota oyo eyebaka Nzambe soko moko te mpe izalaka kongumbamela bikeko, mpe abandaka kobika bomoi na MoKristu na ba tango na suka na bomoi na ye. Kasi, lokola azalaka na kondima na solo te, akobaka na kobika na pembeni na masumu mpe abungisaka liso na ye moko. Asosolaka kondima na solo ezali nini sima na kotanga litatoli na ngai na Komeka bomoi na seko liboso na kufa, akomisaka na egelesia oyo mpe na sima akenda na Lola tango azalaka kobika bomoi na Mokristu na lingomba oyo. Nakokakak koyoka litatoli na ye etondisama na esengo mpo ete abikisamaka mpo ete akendaka na Paradiso sima na konyokwama mawa mingi, pasi, mpe bokono na bomoi na ye na nse na moi.

Nazali mpenza na bonsomi mpe na esengo mpona koya awa sima na kolongola mosuni na nzoto na ngai. Na yebi te mpona nini nazalaka komeka kokangama na makambo na mosuni, Mizalaka nioso mpamba. Kokanganma na makambo na mosuni ezali mpenza na ntina te mpe ezali mpamba wuta nayei awa sima na ngai kolongola mosuni na ngai.

Kati na bomoi na ngai na mokili, ezalaka na tango na esengo na matondi, na kolemba mpe na kozanga elikya. Awa, tango nazali komitala kati na bolamu na esngo oyo, nakanisi na tango oyo nazalaka komeka kokangama na bomoi na pamba mpe komibatela kati na yango. Kasi molema na ngai ezangi eloko moko te awa nazali kati na bisika oyo malamu, mpe ndenge nini nakoki kozala kati na bisika malamu, mpe lolenge nazali na esika na lobiko yango mpenza epesi ngai esengo monene.

Nazali mpenza malamu kati na bisika oyo, nazali mpenza pepele mpo ete nalongoli mosuni na ngai, mpe nazwi esengo na koya kati na bisika oyo na kimya sima na bomoi na kolembisa na mokili. Nayebaki mpenza te ete ezalaka mpenza eloko na malamu kolongola mosuni, kasi nazali mpenza na kimya mpe na esengo mpona kolongola nzoto na mosuni mpe koya na oyo esika.

Na komonaka lisusu te, kokoka kotambola te, mpe kokoka te kosala makambo nioso ezalaka momekano na mosuni liboso na ngai na tango wana, kasi nasepeli mpe na pesi matondi sima na ngai kozwa bomoi na seko mpe na koya awa mpo ete namoni ete nakoki kozala na bisika monene oyo mpona makambo wana nioso.

Esika nazali ezali bokonzi na liboso te, Bokonzi na Mibale te, na Misato te, to Yelusaleme na Sika. Nazali kaka na Paradiso kasi nazali mpenza kopesa matondi mpe na esengo mpona kozala na Paradiso.

> Molema na ngai esepeli na oyo.
> Molema na ngai ekosanjola mpona oyo.
> Molema na ngai esepeli na oyo.
> Molema na ngai epesi matondi na oyo.

Nazali mpenza na esengo mpe na kopesa matondi mpo ete nasilisi bomoi na kokitisama mpe na bobola mpe nayei kosepela bomoi oyo na comfort."

Kozonga sima Kati na Bondimi Mpona Mimekano

Na suka, ezali na bato oyo bazalaka sembo, kasi moke moke bakomaki moto to pio te kati na kondima na bango mpona makambo kilikili, mpe bazwaka lobiko na pasi.

Moto oyo azalaka mpaka na lingomba na ngai asalaka na bosembo na misala mingi na egelesia. Nde kondima na ye emonanaka lokola monene na libanda, kasi mokolo moko akweyaka maladi makasi. Akokaka ata koloba te mpe ayaka na koyamba libondeli na ngai. Bisika nabondela mpona kobika na ye, nabondelaki mpona Lobiko.

Na boye, ata soki boyambaka Molimo Mosantu mpe batiaka bino lokola ba diacre to ba mpaka na, ekozala soni na miso na Nzambe kobika kati na masumu. Soki bokolongwa te na lolenge oyo na kondima moto topio te, Molimo Mosanto Akobanda kolongwa bino moke moke mpe bokobikisama soko te.

Nayebi misala na yo, ete yo mpio te, yo mpe moto te. Mposa na ngai ete ozala mpio soko moto! Bongo awa ezali yo mua moto moke, nde na moto te, na mpio mpe te, etikali moke nasanza yo na monoko na Ngai(Emoniseli 3:15-16).

Bongo, bosengeli kososola ete kokende na Paradiso ezali mpenza lobiko na soni mpe bozala na molende koleka mpe na makasi mpona kokolisa kondima na bino.

Moto oyo azongelaka nzoto na ye malamu sima na koyamba libondeli nna ngai na kala ata muasi na ye azongaka na bomoi na penepene na liwa o nzela na mabondeli na ngai. Na koyokaka Liloba na bomoi, libota na ye oyo ezalaka na mitungisi mingi ikomaka na esengo. Wuta wana, akolaka na kokoma mosali na sembo na Nzambe o nzela na komikaba na ye mpe azalaka sembo na misala ma ye.

Kasi, tango lingomba ekutanaka na mimekano, alukaka te kobundela to mpe kobatela egelesia kasi apesaka makanisi ma ye emikambama na Satana. Maloba mabimaka na bibebo ma ye ekomaka efelo monene na masumu liboso na ye na Nzambe. Suka suka, akokaka te kozala na nse na kobatelama na Nzambe, nde bokono makasi ibetaka ye.

Lokola mosali na Nzambe, asengelaki te na komona mpe koyoka eloko moko oyo etelemelaka solo na mokano na Nzambe, kasi, alingaka koyoka makambo mana mpe apanzaka yango. Nzambe Asengelaka kaka kobalolela ye elongi na Ye mpo ete atiolaka ngolu monene na Nzambe lokola lobiko na bokono na ye monene.

Bongo, lifuti na ye epanzanaka na nse mpe akokakak te kozwa makasi na kobondela. Kondima na ye ezongaka sima mpe suka suka akomaka na bisika oyo akokaka lisusu ata te kozwa lobiko. Kasi libaku malamu, Nzambe Akanisaka misala ma ye na kala kati na lingomba.

Kotondisama na Matondi Mpona Kozwa Lobiko

Bongo, litatoli na lolenge nini akotatola mpona lobiko azwaki mpe mpona kokende Paradiso? Mpo ete abikisamaka na bokutani na nzela na Lola na lifelo, nakokaki koyoka ye kotatola na kimya na solo.

"Nabikisami na lolenge oyo. Ata soki nazali na Paradiso, nasepeli mpo ete nakangolamaki na kobanga na pasi nioso. Molimo na ngai, oyo ekokaka kokita na molili, eyei kati na pole kitoko mpe malamu oyo.

LOLA I

Lolenge nini esengo na ye ekozala monene sima na ye kosikolama na bobangi na lifelo! Kasi, lokola abikisamaki na soni lokola mpaka na lingomba, Nzambe Atikaka ngai nayoka libondeli na ye ma tubela na tango azalaka kobika na Nkunda na Likolo liboso na ye kokende na Esika na Kozela na Paradiso. Atubelaka masumu ma ye kuna mpe lokola, mpe apesaka ngai matondi mpona kobondela mpo na ye. Akataka mpe seleka epai na Nzambe mpona kobondela tango nioso mpona lingomba mpe mpona ngai kino tango akokutana na ngai na Lola.

Wuta ebandeli na kolekka na bato na mokili oyo, ezala na bato mingi oyo bazwa makoki na kokota na Paradiso koleka bato nioso oyo bakokakak kokende bisika mosusu na Lola.

.Ba oyo babikisama kaka liboso na kufa mpe bakenda na Paradiso bazali na matondi mpenza mpe na esengo mpona kozala na makoki na kosepela bolamu na mapamboli na Paradiso mpo ete bakweyaki te kati na lifelo ata soki babikaki mpenza BoKristo malamu te na mokili oyo.

Kasi, esengo na Paradiso ekoki te ata kopimama na oyo na Yelusaleme na Sika, mpe ezali mpe na bokeseni na esengo na etape elandi na likolo, Bokonzi na Liboso na Lola. Bongo, bosengeli kososola ete oyo ezali motuya koleka epai na Nzambe ezali ba mbula na kondima na bino te, kasi lolenge na mozindo na motema na bino epai na Nzambe mpe misala na bino kolandana na mokano na Nzambe.

Lelo, bato mingi bamikotisi mpe bazali kobika kati na lolenge na masumu na tango bazali kotatola ete bayambi Molimo Mosantu. Bato wana bakoki kaka kozwa lobiko na soni mpe kokende na Paradiso, to kutu kokweya na kufa oyo ezali lifelo mpo ete Molimo Mosantu kati na bango Akokende.

To basusu babengami bandimi bakomaka na lolendo na koyoka mpe koyekola ebele na Liloba na Nzambe, mpe bakokatela mpe kosambisa bandimi misusu ata soki babika bomoi na BoKristu mpona ba mbula ebele. Ata molende na bango mpe bosembo bazali na yango mpona mosala na Nzambe, ezali na litomba moko te soko basosoli mabe kati na mitema na bango mpe balongoli masumu na bango te.

Bongo nabondeli na nkombo na Nkolo ete yo, muana na Nzambe oyo ayamba Molimo Mosantu, bolongola masumu ma bino nioso mpe mabe na lolenge nioso mpe bobunda kaka mpona kobika kolandana na Liloba na Nzambe.

Chapitre 7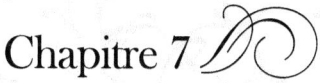

Bokonzi Na Liboso Na Lola

1. Kitoko na Esengo na Yango Eleki Paradiso
2. Bato na Lolenge Nini Bakendaka Na Paradiso?

Moto na moto oyo akomekama na masano akomiboya na makambo mosusu. Bango bakosalaka bongo mpona kozwa montole mokobeba nde biso mpona oyo yango ekobebaka te.

- 1 Bakolinti 9:25 -

Paradiso ezali esika mpona ba oyo bandimeli Yesu Christu kasi basalaki eloko moko te na bondimi nna bango. Ezali esika kitoko mpe na esengo koleka bisika nioso na mokili oyo. Bongo, boni kitoko koleka Bokonzi na Liboso na Lola, esika mpona ba oyo bamekaka kobika kolandana na Liloba na Nzambe, ekozala?

Bokonzi na Liboso etupani pembeni na Ngwende na Nzambe koleka Paradiso, kasi ezali na bisika misusu na kitoko kleka na Lola. Kasi, ba oyo bakokota Bokonzi na Liboso bakosepela na oyo epesameli bango, mpe bakoyoka esengo. Ezali lokola mbisi kati na mbeki esepeli na kozala kati na mbeki na yango, na kooluka eloko mosusu te. Bokotala na mozindo bisika na lolenge nini Bokonzi na Liboso na Lola ezali, oyo ezali etape moko likolo na Paradiso, mpe bato na lolenge nini bakotaka kuna.

1. Kitoko na Esengo na Yango Eleki Paradiso

Wuta Paradiso ezali esika mpona ba oyo basali eloko moko te na kondima, ekozala na bandako na bato bango moko te lokola mabonza. Kobanda Bokonzi na Liboso kino likolo, ba ndako na bato bango moko mpe mintole mikopesama lokola mabonza. Na Bokonzi na Liboso, moto akobika kati na ndako na ye moko mpe akozwa montole oyo ekoumela seko. Ezali nkembo kati na yango moko ete ozala na ndako na yo moko na Lola, nde moto na moto na Bokonzi na Liboso akoyoka esengo oyo ekoki te na kopimama na oyo na Paradiso.

Ba Ndako na Bato Bango Moko Mibongisama Malamu

Ba ndako na bato bango moko mikabolama te kasi mikokana na ba apartement na mokili oyo. Kasi, mitongama na ciment na brique te, kasi na biloko kitoko na Lola lokola wolo na mabanga ma talo.

Ba ndako mana mizali na bimateli te, kasi kaka ba ascenseur kitoko. Na mokili oyo, bosengeli kofina mbuma, kasi na Lola mikokendaka mbala moko na etage bolingi.

Kati na ba oyo bakenda na Lola, ezali na ba oyo batatolaka été bamonaka ba apartement na Lola, nde ezali mpo été bamonaka Bokonzi na Liboso kati na bisika mingi na Lola. Ba apartement miango lokola ba ndako mizali na makambo nioso oyo misengeli mpona kobika, nde ezali na nkaka ata moko te.

Ezali na ba instrument na miziki mpona ba oyo balingaka miziki mpo ete bakoka kobeta mpe b buku mpona ba oyo balingaka kotanga ba buku. Moto na moto azali na bisika na ye wapi akoki kopemisa nzoto mpe ezali malamu.

Na lolenge oyo, zinga zinga na Bokonzi na Liboso esalema kolandana na oyo nkolo ndako alingaka. Bongo ezali kitoko koleka mpe esengo koleka Paradiso, mpe etondisama na esengo mpe na malamu oyo bokoki komona te na mokili oyo.

Bilanga na Bato Nioso, Ba Libeke, mpe Bongo na Bongo

Wuta ba ndako na Bokonzi na Liboso ezali lopango na moto ye moko te, Ezali na bilanga na bato nioso, Mabeke, maziba, na etando na lisano na Golf. Ezali kaka lolenge bato na mokili oyo babikaka na ba apartement, na kokabolaka bilanga na bato nioso, etando na tenis, to maziba.

Biloko yango na bato nioso mikobebaka to mibukanaka soko

te, kasi banje babatelaka miango tango nioso na lolenge malamu. Banje basungaka bato na kosalela makambo miango, bongo ezali na nungu nungu te ata soki mizali mpona bato nioso.

Ezali na banje basaleli te na Paradiso, kasi bato bakoki kozwa lisungi na banje na Bokonzi na Liboso. Nde bakoyokaka mua bokeseni na esengo na kosepela o bisika. Ata soki muanje moko te azali mpona moto ye moko, ezali na banje batalaka biloko oyo.

Ndakisa, soki bolingi kozala na ba mbuma lolenge bozali kososola na ba bino ba bolingo na tango bofandi na kiti na wolo penepene na ebale na mai na bomoi, banje bokomema mbala moko ba mbuma mpe bakopesa bino na limemia nioso. Mpo ete ezali na banje oyo bakosungaka bana na Nzambe, kosepela na esengo eyokamaka mizali mpenza na bokeseni na oyo na Paradiso.

Bokonzi na Liboso Etombwama Likolo na Paradiso

Ata ba langi mpe solo na ba fololo, mpe kongala na kitoko na poso na nzoto na ba nyama mikesana na ba oyo na Paradiso. Yango ezali mpo ete Nzambe Apesa makambo nioso kolandana na etape kati na kondima na bato na esika nioso na Lola.

Ata bato na mokili oyo bazali na bokeseni na lolenge na komona kitoko. Ba oyo bayebaka malamu ba fololo, bakokata kitoko na fololo moko kolandana na ba lolenge mingi. Na Lola, solo na fololo na bisika na bisika na kobika na Lola mikesana. Ata na bisika moko fololo na fololo ezali na solo na yango.

Nzambe abongisa ba fololo na lolenge ete bato na Bokonzi na Liboso bakoyoka malamu koleka tango bakoyoka solo na ba fololo. Ya solo, ba mbuma mizali na bokeseni na ba gout kolandana na esika na esika na Lola. Nzambe Apesa langi na solo na mbuma moko na moko kolandana na etape na esika na kobika moko na moko mpe lokola.

Lolenge kani bobongisaka to bokosalaka tango boyambaka mopaya na motuya? Bokomeka kokokisa mposa na oyo ye alingaka na lolenge ekosepelisa ye mingi koleka.

Lolenge moko mpe Nzambe, Abongisa makambo nioso na lolenge esengeli mpo ete bana ba Ye basepela na makambo nioso.

2. Bato na Lolenge Nini Bakokendeke Na Bokonzi na Liboso?

Paradiso ezali esika na Lola mpona ba oyo bazali na etape na liboso kati na kondima, babikisama na kondimela Yesu Christu, kasi basala eloko moko te mpona Bokonzi na Nzambe. Bongo, bato na lolenge nini bakokende na Bokonzi na Liboso na Lola likolo na Paradiso mpe basepela Bomoi na seko kuna?

Bato oyo Bamekaka kobika kolandana na Liloba na Nzambe

Bokonzi na Liboso na Lola ezali bisika mpona ba oyo bandimeli Yesu Christu mpe bamekaka kobika kolandana na Liloba na Nzambe. Ba oyo bauti kaka kondimela Nkolo bayaka na egelesia eyenga nioso mpe bayokaka Liloba na Nzambe, kasi bayebi mpenza te soki masumu ezali nini, pona nini basengeli kobondela, mpe mpona nini basengeli kolongola masumu na bango. Boye, ye oyo azali na etape na liboso kati na kondima akutana na esngo na bolingo wa yambo na kobotamaka na mai mpe na Molimo Mosantu, kasi asosolaka te nini lisumu ezali mpe naino basosoli masumu na bango te.

Kasi, soki bokomi na etape na mibale kati na kondima, bokososola masumu mpe bosembo na lisungi na Molimo Mosantu. Nde bokomeka kobika kolandana na Liloba na Nzambe, kasi bokoki mpenza te na mbala moko. Ezali lokola bebe amekaka kotambola: akomeka kotambola na kokweya.

Bokonzi na liboso ezali esika mpona bato na lolenge oyo, ba oyo bamekaka kobika kolandana na Liloba na Nzambe, mpe montole oyo ewumelaka seko ekopesamela bango. Kaka lolenge bapoti mbango basengeli komekama kolandana na mobeko na lisano (2 Timote 2:5-6), bana na Nzambe basengeli kobunda etumba malamu na kondima kolandana na solo. Soki bokobosana mibeko na mokili na molimo, oyo ezali mobeko na Nzambe, lokola moto namasano oyo akokimaka te kolandana na mibeko, bozali na kondima ekufa. Bongo bokoyebana lokola mosali te mpe montole ekopesamela bino te.

Ata bongo, mpona moto nioso na Bokonzi na Liboso, montole epesama mpo ete bameka kobika kolandana na Liloba na Nzambe ata soki misala na bango mikokaka te. Kasi, ezali kaka lobiko na soni. Ezali mpo ete babikaka kolandana na Liloba na Nzambe te ata soki bazalaka na kondima na kokende na Bokonzi na Liboso.

Lobiko na Nsoni Soki Misala Mizikisami

Bongoo nini mpenza ezali "Lobiko na nsoni"? Na 1 Bakolinti 3:12-15, bomoni ete misala oyo moto atongaki mikoki kobika to kotumbama.

Soko moto nani akotonga na likolo na moboko yango litongi

na wolo soko na palata soko na mabanga na motuya soko na matiti soko na nkeke, mosala na moto na moto ekomonana polelele. Pamba te mokolo yango ekomonisa yango mpo ete mokomonana na moto, mpe moto mokososolisa motindo na mosala mosalaki moto na moto. Soko mosala motongi moto ekoumela, ye akozwa libonza. Soko mosala na moto na moto ekozika ye, akozanga, kkasi akobika ye moko kasi, lokola na nzela na moto.

Moboko awa elakisi Yesu Christu mpe elakisi nioso bokotongela likolo na moboko, mosala na bino mokotalisama na nzela na mimekano lokola moto.
Na loboko moko, misala na ba oyo bazali na kondima lokola wolo, palata, to mabanga na talo mikotikala ata na kati na mimekano makasi mpo ete bazali kosala kolandana na Liloba na Nzambe. Na loboko mosusu, misala na ba oyo bazali na kondima lokola mabaya, nkekele, to matiti mikozikisama tango bakutani na mimekano makano mpo ete bakoki te kosala kolandana na Liloba na Nzambe.
Bongo, komema yango na etape kati na kondima, wolo ezali etape na mitano (Likolo koleka), palata na minei, mabanga na motuya misato, libaya na mibale, mpe nkekele na liboso (mpe nse koleka) kati na kondima. Nzete na nkekele mizali na bomoi, mpe kondima lokola nzete moto azali na kondima na bomoi kasi ezali ya kolemba. Kasi matiti, yango, ekawuka mpe ezalaka ata na bomoi te, mpe etalisi ba oyo bazalaka ata na kondima moko te.
Bongo, ba oyo bazali ata na kondima te bazali na likambo moko te na lobiko. Nzete na nkenkele, oyo misala na bango ekozikisama na mimekano makasi, bazali bato na lobiko na soni. Nzambe Akondima kondima na wolo, palata na mabanga na

motuya, kasi oyo ya nzete na nkekele. Akoki te.

Kondima oyo Ezanga Misala Ekufa

Basusu bakoki kokanisa ete, "Nazala Mokristu mpona ba mbula mingi, nde nasengeli na koleka etape na liboso kati na kondima, nde nakoki ata kokende na Bokonzi na Liboso." Kasi, soki bozali mpenza na kondima, bokobika solo kolandana na Liloba na Nzambe. Na lolenge moko, soki bobuki Mobeko mpe bokolongola masumu na bino te, Bokonzi na Liboso, tango mosusu ata Paradiso, ekoki kozala mosika na bino.

Biblia esengi na bino na Yacobo 2:14 ete, "Bandeko na ngai, wapi litomba soki moto alobi azali na kondima wana ezangi ye misala?" Soki bozangi misala, bokobikisama te. Kondima ezanga kondima ekufa. Bongo ba oyo babundaka na masumu te bakoki na kobika te mpo ete bazali kaka lokola moto oyo awuti kozwa likuta mpe abombi yango na eteni na elamba (Luka 19:20-26).

Likuta awa elakisi Molimo Mosantu. Apesaka Molimo Mosantu lokola likabo na ba oyo bafungoli mitema na bango mpe bandimeli Yesu Christu lokola Mobikisi na bango. Molimo Mosantu Akopesa yo makoki na kososola masumu, bosembo, na esambiseli, mpe aAkosunga bino mpona kobikisama mpe kokenda na Lola.

Na loboko moko, soki bokotatoli kondima na bino na Nzambe kasi bokokata ngenga na motema te na koboyaka kolanda posa na Molimo Mosantu to kosalaka te kolandana na solo, nde Molimo Mosantu Akolinga te kofanda kati na motema na bino. Na loboko moko, soki bolongoli masumu na bino mpe bokosala kolandana na Liloba na Nzambe na lisungi na Molimo Mosantu, bokoka kokokana na motema na Yesu Christu, oyo azali ye moko solo mpenza.

Bongo bana na Nzambe ba oyo bayamba Molimo Mosantu lokola likabo basengeli kobulisa mitema na bango mpe kobota mbuma na Molimo Mosantu mpona kokoma na Lobiko ekoka.

Sembo na Nzoto kasi na Molimo Akata Ngenga na Motema te

Nzambe Atalisa Ngai mbala moko ndeko moko oyo akufaka mpe akenda na Bokonzi na Liboso, mpe Atalisaka ngai motuya na kondima elandisamaka na misala. Azalaka moko na basali na departement na mambi matali misolo na lingomba mpona ba mbula zomi na mwambe na kosala mabe te na motema na ye. Azalaka sembo na misala misusu na Nzambe mpe lokola mpe epesamelaka ye pete na mpaka. Amekaka kobota mbuma na makambo mingi mpe kopesa nkembo na Nzambe, na komitunaka mingi ete, Lolenge kani nakoka kokokisa makasi bokonzi na Nzambe?'

Kasi, azalaka mpenza na elonga te mpo ete ba tango misusu azalaka koyokisa Nzambe soni na kolandaka te nzela malamu mpona makanisi ma ye ma mosuni, mpe motema na ye elokakka kaka bolamu na ye moko. Lisusu, akosala ba remarque esengeli te, kosilika na bato misusu, mpe koboya kotosa Liloba na Nzambe na makambo mingi.

Na maloba mosusu, mpo ete azalaka sembo na mosuni kasi akataka ngenga na motema na ye te- oyo ezali na motuya koleka- atikalaka na etape na mibale kati na kondima. Lisusu, soki kokoso na makambo mitali misolo ma ye eumelaka alingaka ata kobatela kondima na ye te, mpe alingaka komikotisa na makambo mazanga bosembo.

Na suka, mpo ete bozongi sima na kondima na ye ekokaki ata te kokotisa ye Paradiso, Nzambe Abengaka molimo na ye na ngonga malamu.

Na nzela na lisolo na molimo sim na kufa na ye, atalisaka matondi ma ye mpe atubelaka na makambo mingi. Atubelaka mpona kotutisa motema na basali na Nzambe na kolandaka solo te, komema basusu na kokweya mosika, kobetisa basusu libaku, mpe kosala te ata na sima na koyoka Liloba na Nzambe. Alobaki ete azalaka tango nioso koyoka nkaka mpo ete atubelaki mabungi ma ye mpenza te na tango azalaka na mokili oyo, kasi sik'awa azalaka na esengo mpo ete ekokaka kotubela mbeba na ye.

Lisusu, apesaka matondi mpo ete asukaka na Paradiso te lokola mpaka. Kasi yango ezalaki kaka lobiko na soni kozala na Bokonzi na Liboso, kasi ayokaka malamu mingi koleka mpo été Bokonzi na Liboso ezali na nkembo koleka Paradiso.

Bongo, bosengeli na kososola ete likambo na motuya koleka ezali kokata ngenga na motema na bino koleka bosembo na mosuni mpe ba pete na bino.

Nzambe Amemaka Bana Ba Ye na Bisika Malamu na Lola na Nzela na Mimekano

Kaka lolenge esengeli kozala na mabongisi makasi mpe ba tango molayi na komeka mpona mopoti mbangu kolonga, bosengeli mpe kokutana na mimekano mpona kokende na bisika malamu koleka na Lola. Nzambe andimelaka bana ba Ye mpona komema bango na bisika malamu na Lola, mpe mimekano mikoki kokabolama na biteni misato.

Yambo, ezali na mimekano mpona kolongola masumu. Mpona kokoma bana ba solo na Nzambe, bosengeli kobunda na masumu kino kotangisa makila mpo ete bokoka kolongola masumu nioso. Kasi, Nzambe tango mosusu Apesaka bana ba Ye etumbu tango bakoumela na masumu (Baebele 12:6). Kaka lolenge baboti tango mosusu bakopesaka etumbu na bana na bango mpona komema bango o nzela malamu, Nzambe tango mosusu andimelaka bana ba Ye mimekano mpo ete bakoma ya kokoka.

Ya mibale, ezali na mimekano mpona kokoma mbeki malamu mpe kozwa mapamboli. Dawidi, ata tango azalaka elenge mobali, abikisaka mpate na ye na kobomaka ngombolo to nkosi oyo izwaki mpate na ye. Azalaka na kondima makasi ete abomaka ata goliath oyo manpinga mobimba na bana na Yisalele bazalaka kobanga, na lance piere mpo ete atielaka Nzambe elikya. Tina asengelaka kokutana na mimekano, na kolandamaka na mokonzi Saulo, ezalaka mpo ete Nzambe Andimaka yango mpona kokomisa Dawidi mbeki monene mpe mokonzi monene.

Misato ezali na mimekano mpona kosilisa bolembu pamba te bato bakoki kokoma mosika na Nzambe soki bazali na bopemi. Ndakisa, ezali nabato misusu ba oyo bazali sembo na Bokonzi na Nzambe mpe suka suka bazwaka mapamboli na misolo. Soki Nzambe Atiki bango lolenge bazali, bakoki kokweya kati na kufa. Nde Akondimela bango mimekano mpo ete bango bakoka na kolamuka.

Bosengeli kolongola masumu ma bino nioso, bosala na mpiko, mpe bozala ba mbeki misengeli na miso na Nzambe na kososolaka motema na Nzambe oyo Andimaka mimekano na kndima. Nakolikya ete bokozwa mpenza mapamboli na kokamwisa oyo Nzambe Abombela bino.

Basusu bakoki kokanisa ete, "Nalingi kobongwana kasi ezali ete te ata soki nazali komeka." Kasi, akoloba likambo oyo mpo ete azali na bosenga na kobongwana te kasi mpo ete azali na molende na koyika mpiko mpona kombongwana na nse na motema na ye.

Soki bokososola solo Liloba na Nzambe na molimo mpe bokomeka kombongwana na nse na motema na bino, bokoki kombongwana noki mpo ete Nzambe Azali kopesa bino ngolu mpe makasi na kosala bongo. Molimo Mosantu, ya solo, Akosunga bino kati na nzela mpe lokola. Soki boyebi kaka Liloba na Nzambe na bongo na bino lokola eteni na boyebi kasi bokosalaka te kolandana na yango, bokoki kokoma lolendo mpe na bozangi kondima, mpe ekozala pasi mpona bino kobikisama.

Bongo nabondeli na nkombo na Nkolo ete bobungisa mposa mpe esengo na bolingo na bino na yambo te mpe bokoba na kolandaka mposa na Molimo Mosantu mpo ete bozwa bisika malamu na Lola.

Chapitre 8

Bokonzi na Mibale na Lola

1. Bandako kitoko Mipesamaka na Moto na Moto
2. Bato na Lolenge Nini Bakendaka na Bokonzi na Mibale?

Nabongo nabondeli mibange kati na bino, ngai mobange na bango elongo, motatoli na mpasi na Klisto mpe mokabwani na nkembo elingi komonisama; nabondeli bino ete bobatela etonga na Nzambe kati na bino. Bobatela bango mpona kopusama te, kasi na mitema malamu lokola elingi Nzambe, na mposa na kozwa lifuti te kasi mpona kopesa mpamba; lokola mpona kozala mikonzi likolo na ndambo na bino te kasi lokola bilakiseli na etonga.
Wana ekomonana Mokonzi Mobateli, bokozua motole na nkembo mokobeba te.

- 1 Peter 5:1-4 -

Na loboko moko, ata mbala boni boyoki likolo na Lola, ekozala na litomba moko te soki bososoli yango kati na mitema na bino te, mpo ete bokoki te kondima yango. Kaka na lolenge ndeke amemaka nkona oyo ekonami na nzela, moyini Satana na zabolo bakoyiba Liloba oyo elobeli Lola kati na bino (Matai 13:19). Na loboko mosusu soki boyoki Liloba likolo na Lola mpe bokangi yango, bokokoka kobika bomoi na kondima mpe elikya mpe kobota nzete, na kobota mbala ntuku misato, ntuku motoba, to mokama na nini elonamaka. Mpo ete bokoki kosala kolandana na Liloba na Nzambe, bokoka te kaka kokokisa mosala na bino kasi mpe lisusu kobulusama mpe kozala sembo na ndako nioso na Nzambe. Bongo bisika na lolenge nini ezali bokonzi na Mibale na Lola mpe bato na lolenge nini bakendaka kuna?

1. Ndako Kitoko Mpona Moto Moko na Moko Epesameli Moto na Moto

Nasi nalimbolaka ete ba oyo bakendaka Paradiso to bokonzi na Liboso babikisama na lolenge na soni mpo ete misala na bango mikoka kotikala te tango baleki na mimekano makasi. Kasi, ba oyo bakendaka na Bokonzi na Mibale bazalaka na kondima oyo elekaka na moto na mimekano, mpe bazwaka mabonza oyo ekoki te kopimama ba oyo epesamaka na Paradiso to Bokonzi na Liboso, kolandana na Boyengebene na Nzambe mabonza wana ezali oyo elonamaki.

Bongo,, soki esengo na oyo akenda na Bokonzi na Liboso epimami na esengo na mbisi kati na mbeki etondi mayi, esengo na moto na Bokonzi na Mibale ekoki kopimamam na esengo na Mbisi monene (Baleine) kati na mai monene na Pacific.

Sik'awa, tika totala kati na lolenge na Bokonzi na Liboso, na kozinda na kotalaka nba ndako na lolenge na kobika.

Ndako na Etage moko Ikopesamela Moto na Moto

Ba ndako na Bokonzi na Liboso Mizali lokola ba apartement, kasi ba oyo na Bokonzi na Mibale mizali mpenza na moto ye moko na etage moko. Ba ndako na Bokonzi na Mibale mikoki te kopimama na Ndako na kitoko na lolenge nini to annexe to ndako na tango na molunge makasi kati na mokili oyo. Mizali minene, kitoko, mpe mibongisami na lolenge malamu mingi na ba fololo mpe ba nzete.

Soki bokei na Bokonzi na Mibale, ekopesamela bino kaka ndako te mpe lisusu eloko bokolingaka mingi. Soki bolingi liziba na kosukola, ekopesamela bino oyo ya kitoko, ebongisama na wolo na mabanga na lolenge nioso na talo.. Soki bolingi libeke kitoko, ekopesamila bino moko. Soki bolingi ndako na mabina, ekopesamela bino mpe lokola. Soki bolingaka kotambola, ekopesamela bino nzela kitoko etondisama ba fololo kitoko mingi mpe ba nzete bisika ba nyama mingi bazali kosakana.

Kasi soki bolingi kozala na liziba na kosukola, libeke, ndako na mabina, nzela, mpe bongo na bongo, ekokoka te mpo ete esengeli kaka eloko moko mpona bino. Mpo ete oyo bato bazali na yango na Bokonzi na Mibale ekesana, bango bakotalaka moto na moto na ndako na ye mpe bakosepela elongo oyo bakuti kuna.

Soki moko azali na ndako na mabina kasi na liziba na kosukola te mpe alingi kosukola, akoki kokende epai na ye pembeni na ye oyo azali na yango mpe akomisepelisa. Na Lola, bato basalelakana, mpe batikala kobaye te to kobwakisama. Kasi, bakozala eleka na lolendo mpe na esengo koleka. Nde soki bolingi kosepela na eloko moko, bokoki kokende epai na ye oyo pembeni na bino mpe bosepela na oyo bazali na yango.

Na lolenge oyo, Bokonzi na Mibale ezali malamu mingi koleka Bokonzi na Liboso na makambo nioso. Ya solo, ekoki te komeka kokokisama na Yelusaleme na Sika. Bazali na banje oyo basalelaka muana na Nzambe moko na moko te. Monene, kitoko, na bokonzi efandi na ndako mikesana mpenza, mpe biloko batongela na yango, langi, mpe kongala na mabanga ma talo oyo mibongisi ba ndako mikesana mpenza, mpe lokola.

Ebende Etalisaka Nkombo na Kolo Ndako na Ba Pole kitoko

Ndako na Bokonzi na Mibale ezali ndako na etage moko na ebende na nkombo na kolo ndako. Yango etalisaka kombo na mokolo ndako, mpe na lolenge ekesana ekoki mpe kotalisa lingomba nini ye abondelaka. Ekomama na ebende bisika wapi minda kitoko mpe malamu mikongalaka makasi elongo na nkombo na ba letre na Lola miye mikomonana lokola ki Alaba to Ki Ebele. Bongo, bato na Bokonzi na Mibale bakoyoka mposa mpe bakosepela na kolobaka ete, "Oh, oyo ndako na songolo to fulani, ye asalelaka na lingomba boye na boye!"

Kasi, bandako na Bokonzi na Misato mpe na Yelusaleme na Sika mizali na nkombo te. Bazali mpe mingi te ba oyo bakota kuna, mpe o nzela na pole na lolenge ekesana mpe solo malasi oyo ebimaka na ndako, bokoki kososola mikolo na ba ndako miango.

Koyoka malamu te mpona Kozanga kobulisama na Mobimba

Basusu bakoki komituna, "Bongo ekozala malamu te na Lola wuta bandako na moko na moko ekozala te na Paradiso, mpe na Bokonzi na Mibale bato bakoki kaka kozala na eloko moko

?' Kasi na Lola, ezanga eloko te mpe eloko na malamu te soko te. Bato batikala koyoka nkaka te mpo ete bazali kobika esika moko. Bazali na moyimi te mpo na kokabola biloko na bango na basusu. Bazali kaka na matondi mpona kokoka kokabola biloko na bango na basusu mpe bamonaka yango liziba na kosepela.

Lisusu, bayokaka mabe te mpona kozala kaka na eloko moko na bango moko to mpe kokoma na lokoso na biloko oyo bato misusu bazali na yango. Kutu, basimbamaka tango nioso mpe bakopesama matondi na Nzambe Tata mpona kopesa bango mingi koleka oyo esengelaki na bango, mpe basepelaka tango nioso na esengo embongwanaka te mpe bakosepelaka.

Eloko moko bayokelaka soni ezalaka ete bamekaka makasi koleka te mpe babulisamakka na kokoka te na tango babikaka na mokili oyo. Bayokaka mabe mpe nsoni kotelema liboso na Nzambe mpo ete balongolaka masumu nioso te kati na bango. Ata tango bamonaka ba oyo bakenda na Bokonzi na Misato to Yelusaleme na Sika, bayokelaka bango zua te to bandako na bango minene mpe mabonza na bango ma nkembo, kasi bayokaka soni mpo ete babulisamaka na mobimba te.

Lokola Nzambe Azali sembo, akobukisa bino oyo bolonaka, mpe Akofuta bino kolandana na misala bosalaka. Bongo, Apesaka esika na mabonza na Lola na lolenge bokomaka basantisami mpe bozalaka sembo na mokili oyo. Kolandana na lolenge bobikaka na liloba na Nzambe, Akofuta bino kolandana na yango to ata kitoko koleka.

Soki bobikaka mpenza kolandana na Liloba na Nzambe, Akopesa bino nioso bokolinga na Lola na 100%. Kasi, soki bobikaka mpenza kollandana na Liloba na Nzambe te, Akofuta bino kaka kolandana na lolenge bosalaki, kasi na kofuluki.

Bongo, ata etape nini na Lola bokokota, bokozala tango nioso na matondi epai na Nzambe mpona kopesa na bino mingi koleka oyo bosalaka na mokili oyo, mpe bobika seko na kosepela mpe na esengo.

Motole na Nkembo

Nzambe oyo afutaka na kofuluka, Apesaka montole iye ikobebaka te na ba oyo na Bokonzi na Liboso. Montole na lolenge nini epesamelaka ba oyo na Bokonzi na Mibale?

Ata soki basantisamaka na mobimba te, bapesakka nkembo na Nzambe na kosallaka misala na bango. Nde bakozwa montole na nkembo. Soki Bokotanga 1 Petelo 5:1-4, bokomona ete montole na nkembo ezali lifuti oyo epesamelaka ba oyo bazala ndakisa na kobika na bosembo kolandana na Liloba na Nzambe.

Na bongo, nabondeli mibange kati na bino, ngai mobange na bango elongo, motatoli na mpasi na Kristo mpe mokabwani na nkembo elingi komonisama; nabondeli bino ete bobatela etonga na Nzambe kati na bino. Bobatela bango mpona kopusama te, kasi na mitema malamu lokola elingi Nzambe, kasi na mposa na kozwa lifuti te, kasi mpona kopesa mpamba. Lokola mpona kozala mikonzi likolo na ndambo na bino te kasi lokola balakisi na etonga. Wana ekomonana Mokonzi Mobateli, bokozwa montole na nkembo, mokobeba te.

Tina elobi montole na nkembo mokobebaka te ezali mpo ete montole nioso na Lola mizali seko mpe mikobebaka te. Bokokoka kososola ete Lola ezali mpenza bisika ekoka bisika wapi nioso ezali seko mpe ata montole moko mokobebakka soko te.

2. Bato na Lolenge Nini Bazali Kokende na Bokonzi na Mibale

Zinga zinga na seoul engomba mokonzi na Mbokka na Kore, ezalaka na bingomba mike mike. Na Lolenge moko, na Lola, zinga zinga Bokonzi na Misato na Lola bisika wapi Yelusaleme na Sika ezali, ezali na Bokonzi na Mibale, Bokonzi na Liboso, mpe Paradiso.

Bokonzi na Liboso ezali esika mpona ba oyo na etape na mibale kati na kondima ba oyo bamekaka kobika kolandana na Liloba na Nzambe. Nato na Lolenge nini bakendaka na Bokonzi na Mibale? Bato na etape na misato kati na kondima ba oyo bakoki kobika kolandana na Liloba na Nzambe basukaka na Bokonzi na Mibale . Sik'awa tika totala bato na lolenge nini bakendaka na Bokonzi na Mibale na mozindo.

Bokonzi na Mibale:
Esika mpona ba oyo ba Santisama Mpenza na Mobimba te

Bokoki kokende na Bokonzi na Mibale soki bobikaka kolandana na Liloba na Nzambe mpe bosalaka misala na bino, kasi motema na bino ebulisama na mobimba te.

Soki ozali kitoko, mayele, mpe kili, okolinga solo bana ba yo bakokana na yo. Lolenge moko, Nzambe oyo Azali bulee mpe na kokoka, Alingi bana ba Ye na solo solo bakokana na Ye. Alingi bana oyo balingi Ye mpe babatelaka mibeko- ba oyo batosaka Mibeko mpo ete balingaka Ye, kasi na mpo ete ezali mosala na bango te. Kaka lolenge bokoki kosala ata makambo na pasin soki bolingaka mpenza moto, soki bolingaka mpenza Nzambe na motema na bino, bokoka kobatela mobeko na Ye nioso na esengo kati na motema na bino.

Bokotosa kaka na esengo mpe matondi na kobatelaka oyo asengi na bino kobatela, na kolongolaka oyo Asengi na bino kolongola, na kosalaka te oyo Apekisi na bino kosala, mpe na kosala oyo Asengi na bino kosala. Boye ba oyo na Etape na Misato kati na kondima bakoki te kosala kolandana na Liloba na Nzambe na esengo ekoka na matondi kati na mitema na bango mpo ete naino bakoma na etape oyo na bolingo te.

Kati na Biblia, ezali na misala na mosuni (Baloma 8:5). Tango bokosala kolandana na mabe kati na mitema na bino, ebengami misala na mosuni. Lolenge na masumu bozali na yango kati na mitema na bino oyo etikala naino kotalisama libanda te ebengama baposa na nzoto.

Ba oyo na etape misato kati na kondima basi balongola misala nioso na mosuni kati na mitema na bango. Bakobatela nini Nzambe asengi na bango babatela, bakolongola nini Nzambe Asengi na bango balongola, kosala te nini Nzambe Apekisi mabe, mpe kosalaka oyo Nzambe Ayebisi bango basala. Kasi, mabe kati na mitemaa na bango naino elongwe na mobimba te.

Na lolenge moko, soki bosali mosala na bino na motema oyo ebulisama mpenza te, bokoki kokende na Bokonzi na Mibale. "Kobulisama" etalisi bisika wapi bosengeli kolongola mabe na lolenge nioso mpe bozali kaka na bolamu kati na mitema na bino.

Ndakisa, tika ete toloba ete ezali na muana moko boyinaka. Sik'awa bowuti koyoka Liloba na Nzambe koloba ete, "Koyina te," mpe bomeki koyina ye te. Bongo, bokoyina ye sik;'awa te. Kasi, soki mpenza bolingaka ye na motema na bino te, naino bobulisami te.

Bongo mpona kokola na etape na minei kati na kondima kowuta na oyo na misato, ezali motuya kosala makasi na kolongola masumu na lolenge na kotangisa ata makila.

Bato Bakokisi Mosala na Nzambe na Ngolu na Nzambe

Bokonzi na mibale ezali bisika mpona ba oyo naino bakokisi te kobulisama na kokoka kati na mitema na bango kasi bakokisi mosala na bango epesamela bango epai na Nzambe. Tika totala bato oyo bazali kokende na Bokonzi na Mibale na kotalaka lisolo na mondimi moko akufaka na tango azalaka kosalela(Egelesia) Manmin Joong-ang(Central) Church.

Ayaka na mobali na ye na Egelesia Manmin central na mbula ebandaka. Azalaka konyokwama na bokono makasi kasi abikisamaka sima na koyamba libondeli na ngai, mpe bandeko na libota na ye bakomaka bandimi. Bakolaka na kondima n bango, mpe akomaka diakones mokolo, mobali na ye mpaka, mpe bana na bango bakolaka mpe bazali kosalela Nkolo lokola basali na Nzambe, moko muasi na pasteur, mpe misinaire na loyembo.

Kasi, akokaka kolongola masumu ma ye nioso te mpe kosala mosala na ye nioso malamu, kasi atubelaka na ngolu na Nzambe, mpe asilisaka mosala na ye malamu, mpe akufaka. Nzambe Atikaka ngai nayeba ete akozala na Bokonzi na Mibale na Lola mpe Apesaka ngai nzela nasolola na ye na molimo.

Tango akendaka na Lola, likambo mpona oyo ayokaka mawa mingi mpona kobulisama na mobimba, mpe likambo oyo asalaka mpenza te litatoli moko na kondima na motema na ye epai na mobateli mpate na ye oyo abondela mpona ye mpona kobika mpe akambaka ye na bolingo.

Lisusu, azalaka na makanisi na kobanzaka ete oyo ye akokisaki na koondima na ye, lolenge kani asalelaka Nzambe, mpe maloba alobaka na monoko na ye, akokaka kaka kokende na Bokonzi na Liboso. Kasi, tango atikalaka lisusu na tango mingi na mokili te, na nzela na libondeli na bolingo na mobateli mpate na ye mpe misala ma ye misepelisaka Nzambe, kondima na ye ekolaka noki

noki mpe akokaka kokota na Bokonzi na Mibale.

Kondima na ye ekolaki solo noki noki liboso na ye kokufa. Amikabaki na mabondeli mpe kokaba ba nkoto na makasa na egelesia epai na bato pembeni na bisika afandaka. Amitalaki ye mooko te, kasi kaka kosalela Nzambe na bosembo.

Alobelaka ngai likolo na ndako na ye bisika akokende kobika na Lola. Alobaki ete, ata soki ezali ndako na etage moko ebongisama mpenza malamu mingi na ba fololo kitoko na ba nzete, ezali mpenza monene ete ekoki te kopimama na ndako moko te na mokili oyo.

Ya solo, kopimama na ba ndako na Bokonzi na Misato to na Yelusaleme na Sika, ezali lokola ba ndako na matolo na nkekele, kasi azalaki mpenza na matondi mpe na kosepela mpo ete akokaki te na kozala na yango. Alingaka kopesa sango oyo na Libota na ye mpo ete bakende na Yelusaleme na Sika.

Lola ekabolama malamu mpenza. Nkembo na Pole ekesana mpenza na bisika na bisika, bongo, napesi bango lisusu mpe lisusu makasi na kokota na Yelusaleme na Sika. Nakolinga koyebisa bandeko na libota na ngai ba oyo bazali naino na mokili ete soni na lolenge nini ezali mpona kolongola masumi nioso te, tango tokokutana na Tata Nzambe na Lola. Mabonza Nzambe Akopesa ba oyo bakoti na Yelusaleme na Sika mpe monene na bandako mizali nioso na kopesa mposa, kasi nalingi kolobela bango lolenge nini ezali soni na kozanga kolongola mabe na lolenge nioso liboso na Nzambe. Nakolinga komema liteya oyo na bandeko na libota na ngai mpo ete balongola mabe na lolenge nioso mpe bakota na esika etombwama na Yelusalemme na Sika.

Bongo. Nakosenga na bino bososola boni motuya mpe malamu ezali na kobulisa motema na bino mpe kopesa bomoi na bino na mokolo na mokolo mpona Bokonzi mpe Bosembo na

Nzambe na elikya na Lola, mpo ete bokoka na makasi kokoba na nzela na Yulusalemi na Sika.

Bato Sembo na Makambo nioso kasi na Kozanga Kotosa mpona Bosolo na Bango oyo Bakosalelaka Malamu Te

Tika, tika totala likambo etali mondimi mosusu oyo alinga Nkolo mpe asalaka mosala na ye na bosembo, kasi akokaka te kokende na Bokonzi na Misato mpona bosuki na Lolenge moko. Ayaka na Egelesia Central Manmin mpona likambo etali bokono nna Mobali na y e, mpe akomaka mondimi na bosembo mpenza. Mobali na ye ayaka na ndako na Nzambe na likolo na kitikuala, kasi pasi na ye elongwaka mpe ayaka na kotelema mpe na kotambola. Bokanisa boni esengo ezalaka na yango! Azalaka tango nioso na matondi epai na Nzambe oyo Abikisaka bokono na mobali na ye, mpe pasteur na ye azalaka tango nioso kobondela mpona ye. Azalaka tango nioso sembo. Abondelaka mpona Bokonzi na Nzambe, mpe abondelaka na matondi, mpona mobateli mpate na ye na tango nioso tango azalaka kotambola, kofanda to kotelema, to ata tango azalaka kolamba.

Lisusu, mpo ete alingaka bandeko basi mpe mibali kati na Kristu, azalaka kopesa bamosusu makasi bisika na kozela bapesa ye makasi, apesaka makasi mpe azalaka kosunga bandimi mosusu. Alingaka kaka kobika kolandana na Liloba na Nzambe mpe amekaka kolongola masumu ma ye nioso kino na kotangisa ata makila. Atikala kolula to kolinga biloko na mokili te Kasi kaka na komikaba na koteya Sango Malamu epai na bato pembeni na ye.

Mpo ete azalaka sembo na bokonzi na Nzambe, motema na ngai esimbamaka na lisungi na Molimo Mosantu na komona komikaba na ye mpe nasengaka na ye ete azwa mosala na kokamba mayangani na egelesia na ngai. Nazalaka na kondima ete soki asalaka mosala na ye malamu, libota na ye mobimba elongo na mobali na ye balingaka kozwa kondima na molimo.

Kasi, akokaka kotosa te mpo ete atalaka lolenge na ye mpe akangamaka kati na makanisi ma ye na mosuni. Sima na tango moke ayaka na kokufa. Nazokaka na motema, mpe na tango kobondela epai na Nzambe, nakokaka koyoka litatoli na ye na nzela na lisolo na molimo.

Ata soki natubeli mpo ete natosaka mobateli mpate te, nakoka te kozongisa makonga na sa sima. Boye nazali kkaka kobondela mpona Bokonzi na Likolo mpe mpona Mobateli Mpate lisusu koleka. Eloko moko nasengeli koyebisa bandeko na ngai wa bolingo na mibali mpe basi ezali été oyo mobateli mpate atatolaka ezali mokano na Nzambe. Ezali lisumu monenen koleka koboya kotosa mokano na Nzambe, mpe elongo na yango, nkanda ezali lisumu monene koleka. Mpona yango, batobakokutana na kokoso, mpe napesamaka mitindo na kozwa nkanda te, kasi na kokitisa motema na ngai, mpe komeka kotosa na motema na ngai mobimba. Nakomaka moto oyo azali kobetisa kelelo na Nzambe. Mokolo oyo nakoyamba ndeko mobali mpe muasi wa bolingo ekokoma na kala te. Nazali kaka kolikya makasi été bandeko na ngai mibali mpe basi ba bolingo bazali na makanisi polele mpe bazangi eloko moko te mpo été baluka mpe na mokolo oyo.

Atubelaka mingi koleka oyo, mpe ayebisaka ngai mpe ntina akokakak te kokende na Bokonzi na Misato ezalaka mpona bozangi kotosa na ye.

"Nazalaka na makambo mike oyo natosaka te kino tango nayei na bokonzi oyo. Na ba tango mosusu nalobaka ete, 'No,

No, No,' na tango nazalaka koyoka mateya. Nasalaka mosala na ngai malamu te. Mpo ete nakanisaka ete nakosala mosala na ngai tango makambo mikomonana malamu, nasalela makanisi ma ngai na mosuni. Ezalaka mbba monene na miso na Nzambe.

Alobaka mpe ete azalaka koyokela basali na Nzambe zua mpe ba oyo bazalaka na mosala na mambi matali misolo na egelesia, nakomonaka bango mpe nakokanisaka ete lifuti na bango na Lola ikozala mpenza monene. Kasi, atatolaka ete tango akendaka na Lola, yango ezalaki mpenza bongo te.

"Te! Te! Te! Kaka ba oyo bakosalaka kolandana na Mokano na Nzambe bakozwa mabonza minene mpe mapamboli. Soki mokambi asali mbeba, ezali lisumu monene koleka mondimi mpamba kosala mbeba. Basengeli kobondela mingi koleka. Bakambi basengeli kozala sembo na koleka. Basengeli kolakisa malamu koleka. Basengeli kozala na makoki na kososola. Tala ntina ekomama na miko na Ba buku minnei na Sango Malamu ete mokufi miso akotambwisa mokufi miso mosusu. Tina na na liloba 'Tika mingi kati nna bino bakoma balakisi te" Moto akopambolama soki ameki kosala malamu koleka misala ma ye. Bongo mokolo oyo tosengeli kokutana lokola bana ba Nzambe na Bokonzi na Seko ekokoma na kala te. Boye, moto nioso asengeli kolongola misala na mosuni, akoma sembo, mpe akoma na makoki masengeli lokola muasi na libala na Nkolo na soni moko te tango bakotelema liboso na Nzambe."

Na Bongo, Bosengeli kososola boni motuya ezali kotosa mpona kotindikama te kasi mpona esengo kati na nse na motema na bino mpe mpona bolingo na bino mpona Nzambe, mpe kobulisa motema na yo. Lisusu, bosengeli te kozala kaka mokende na egelesia, kasi bomitala bino mpenza bokonzi na likolo nini bokokoka na kokota soki Tata abengi molimo na bino sasaipi.

Bosengeli komeka kozala sembo na misala na bino nioso mpe kobika kolandana na Liloba na Nzambe, mpo ete bokoka na kobulisama mpenza mpe bozala na makoki nioso na kokoka mpona kokota na Yelusaleme na Sika.

1 Bakolinti 15:41 elobeli bino ete nkembo oyo moto na moto akozwa na Lola mikokesana. Elobi ete, "Nkembo na moi ezali na motindo moko mpe nkembo na sanza na motindo mosusu, mpe nkembo na minzoto na motindo mosusu, mpo ete monzoto na monzoto na likolo ikeseni na ndenge na nkembo."

Ba oyo nioso babikisami bakosepela bomoi na seko na Lola. Kasi, basusu bakofanda na Paradiso tango basusu bakozala na Yelusaleme na Sika, nioso kolandana na bitape na bango kati na kondima. Bokeseni na Nkembo izali mpenza makasi na kokoka kolimbolama te.

Bongo, nabondeli na nkombo na Nkolo ete botikala na kondima na kobikisama kaka te, kasi lolenge na mosali elanga oyo atekisaki biloko na ye nioso mpona kosomba mabele mpe kotimola eloko na motuya, Bobika mpenza kolandana na Liloba na Nzambe mpe bolongola mabe na lolenge nioso mpo ete bokoka kokota Yelusaleme na Sika mpe bobika kati na nkembo oyo engelaka kuna lokola moi.

Chapitre 9

Bokonzi na Misato na Lola

1. Banje Bazali Kosalela Muana Moko na Moko na Nzambe
2. Bato Na Lolenge Nini Bakokende Na Bokonzi na Misato?

*Esengo na moto oyo akoyikaka
mpiko kati na komekama;
mpo tango esili ye kolonga,
akozwa motole na bomoi
molakaki Nkolo epai na
.Bango bakolingaka Ye.*

- Yakobo 1:12 -

Nzambbe Azali Molimo, mpe azali mpenza bolamu, pole, mpe bolingo yango mpenza. Tala tina Alingi bana ba Ye balongola masumu na mabe na lolenge nioso. Yesu, oyo Ayaka na mokili oyo na mosuni, azalaka na mbeba moko te mpo ete Ye moko Azali Nzambe. Bongo moto na lolenge nini bosengeli kokoma mpona kozala muasi na libala oyo akoyamba Nkolo?

Mpona kokoma muana solo na Nzambe mpe muasi na libala na Nkolo oyo akokatobola bolingo na solo mpona seko na Nzambe, bosengeli kokokana na motema bulee na Nzambe mpe kobulisama bino moko na kolongolaka mabe na lolenge nioso.

Bokonzi na Misato na Lola, oyo ezali esika mpona bana lolenge oyo na Nzambe ba oyo bazali bulee mpe bakokani na motema na Nzambe, ekesana mpenza mingi na Bokonzi na Mibale. Mpo ete Nzambe Ayinaka mabe mpe Alingaka bolamu mingi, akambaka bana ba ye ba oyo babulisama na lolenge malamu mpenza. Bongo, bisika na lolenge nini ezali Bokonzi na Misato mpe lolenge nini bosengeli kolinga Nzambe mpona kokende kuna?

1. Banje Basalelaka Moko na Moko na Muana na Nzambe

Ba ndako na Bokonzi na Misato mizali kitoko koleka mpe na kongala kingi koleka ba ndako na etage moko na Bokonzi na Mibale koleka kopimama nioso. Mibongisama na mabanga mingi na motuya mpe mizali na makambo nioso oyo nkolo na yango akolinga kozala na yango.

Lisusu, kobanda Bokonzi na Misato, banje oyo basalelaka moto ye moko bakopesama, mpe bakolinga mingi mpe kosalela mokonzi mobali to muasi kaka na makambo eleki malamu mingi.

Banje Basaleli na Moko na Moko

Elobami na Baebele 1:14, "Banje nioso bazali milimo na mosala bakotindamaka mpona kosalela ba oyo balingi kozua libula na lobiko, boye te?" Banje bazali mpenza bikelamo na molimo. Bakokani na lolenge na bato lokola moko na bikelamo na Nzambe, kasi bazali na mosuni na mikuwa te, mpe bazali na eloko moko te na libala to mpe na kufa. Bazali na bomoto na bongo moko te lokola bato, kasi boyebi na bango mpe nguya eleki mingi oyo na bato (2 Petelo 2:11).

Lolenge Baebele 12:22 elobi ba nkoto na ba nkoto na banje, ezali na banje mingi na kotanga te na Lola. Nzambe Abongisa molongo mpe atia ba pete kati na banje, mpe Apesa na bango misala mikesana, mpe Apesa na bango mpifo ekesana kolandana na mosala.

akokani na Nzambe mpe asepelisi Ye na botosi.
Soki moto azali na ndako monene na Yelusalema na Sika, banje ebele mingi mikopesamela ye mpo ete elakisi ete mokolo ndako akokani na motema na Nzambe mpe amemma bato mingi na Lobiko. Ekozala na banje ba oyo bakobanda koboongisa ndako, banje basusu bakobanda kotala biloko na kosalela mpe biloko mipesama lokola mabonza, mpe banje misusu ba oyo basallelaka ye na pembeni. Ekozala nde na banje mingi mpenza.

Soki bokei na Bokonzi na Misato, bokozala kaka na banje oyo bazali kosalela bino na pembeni te, mpe banje oyo bazali kotala makambo na ndako, mpe basusu bayambaka mpe bakosungaka bapaya. Bokozala mpenza na matondi epai na Nzambe soki bokoka kokota na Bokonzi na Misato mpo ete Nzambe akotika bino bokonza na libella tango banje bazali kosalela bino oyo Apesi na bino lokola mabonza na seko.

Ndako Kitoko Mingi na Moto Moko na Ba Etage Mingi

Na ba ndako na Bokonzi na Misato miye mibongisama na ba fololo kitoko na ba nzete na ba solo kitoko mingi ezali na bilanga na ba libeke. Na ba libeke ezali na ba mbisi ebele, mpe bato bakoki kosolola na bango mpe kokabola bolingo elongo na bango. Lisusu, banje bakobetaka misiki kitoko to bato bakoki kosanjola Tata Nzambe elongo na bango.

Na bokeseni na Bokonzi na Mibale bisika epesamela moto azala kaka na eloko moko alingaka mingi kati na lopango na ye, Bato na Bokonzi na Misato bakoki kozala na eloko nioso balingaka lokola etando na golfe, liziba na kosukola, libeke, bisika na kotambola, ndako na mabina, mpe bongo na bongo. Bongo, basengeli te kokende epai na ba voisin mpona kosepela na eloko bazali na yango te, mpe bakoki komisepelisa tango nioso balingi.

Ba ndako na Bokonzi na Misato mizali na ba etage ebele mpe miza;li na kitoko mingi, milayi, mpe monene na kati. Mibongisama malamu mingi ete mozui moko te na mokili oyo akoka kokonga.

Na boye, ndako moko te na bokonzi na misato ezali na ebende na kotalisa nkombo na mokolo ndako. Bato bayebi kaka nani azali nkolo ndako ata soki elakiseli ezali te. Mpo ete solo na moko na yango oyo etalisaka motema petwa mpe kitoko na nkolo ndako ekobimaka na ndako.

Ba ndako na Bokonzi na Misato mizalaka na ba solo malasi ebele mpe na kokesana na kongala na ba pole. Na lolenge nkolo akokanaka na motema na Nzambe, kitoko koleka mpe kongala na ba solo malsi na pole mikozala.

Lisusu, na Bokonzi na Misato, ba nyama na moto moko na moko mipesamaka, mpe mizali na kitoko koleka, mayele, mpe na bolamu koleka ba oyo na Bokonzi na Liboso mpe na Mibale. Lisusu, mituka na mapata mikopesama mpona bato nioso kosalela, mpe bato bakoki kobembuka bisika nioso na Lola oyo ezanga suka na lolenge bango bakolinga.

Lolenge elimbolama, na Bokonzi na Misato bato bakoki kozala mpe kosala eloko nioso balingi. Bomoi na Bokonzi na Misato ekozala koleka oyo tkoki kobanza.

Montole na Bomoi

Na Emoniseli 2:10, ezali na elaka na "Montole na Bomoi" oyo ekopesamela na ba oyo bazala sembo ata na pembeni na kufa mpona bokonzi na Nzambe.

Banga bolozi bokozua yo te. Tala, Satana alingi abwaka bamususu na bino kati na boloko ete bomekama, mpe bokozua monyoko mikolo zomi. Zala sembo kino kufa, mpe nakopesa yo montole na bomoi.

Liloba "zala sembo kino kufa" awa etalisi ete kozala kaka sembo te na kondima na kokoma mobomami kasi mpe na komisangisa soko te na mokili mpe kobulisama mpemza na kolongolaka masumu nioso ata na esika na kotangisa makila. Nzambe Akofuta ba oyo nioso bakoti na Bokonzi na Misato na mintole na bomoi mpo ete bazalaka sembo ata na bisika na kufa mpe balongaka mimekano mpe ba pasi na lolenge nioso (Yakobo 1:12).

Tango bato na Bokonzi na Misato bakokende na Yelusaleme na Sika, bakotia elembo na cercle na suka na loboko na mobali na montole na bomoi. Tango bato na Paradiso, Bokonzi na Liboso, Bokonzi na Mibale bakokende na Yelusaleme na Sika, bakotia elembo na loboko na muasi na ba ntolo na bango. Bokoki komona ete nkembo eeseni na bato na Bokonzi na Misato na lolenge oyo.

Kasi, bato na Yelusaleme na Sika bazali na nse na bokambi mosusu na Nzambe, bongo bazali na bosenga na elembo moko te mpona kososola bango. Bakosalelama na lolenge na motuya koleka lokola bana solo solo na Nzambe.

Bandako na Yelusaleme na Sika

Ba ndako na Bokonzi na Misato mikesene na ba ndako na Yelusalema na Sika na minene, kitoko, mpe na nkembo. Yambo, soki bokoloba ete ndako moke koleka na Yelusaleme na Sika ezali 100, ndako na Bokonzi na Misato ezali 60. Ndakisa, soki ndako moke koleka na Yelusaleme na Sika ezali 100,000 metre caré, ndako na Bokonzi na Misato ekozala na 60,000 metre care.

Boye, monene na ndako na moto na moto ekesanaka kolandana na lolenge nini nkolo na yango asalaka mpe abikisaka milimo mingi na bato mpe batongaka egelesia na Nzambe. Lolenge Yesu Alobi na Matai 5:5 ete, „Mapamboli epai na basokemi, pamba te bakosangola mokili," Kolandana na ebele na bato mokolo ndako amemaka na Lola na motema mokitisama, monene na ndako wapi akobika ekokatelama lokola.

Bongo ezali na ba ndako mingi na minene koleka ba zomi na ba nkoto na metre care na Bokonzi na Misato mpe na Yelusaleme na Sika, kasi ata ndako eleki monene na Bokonzi na Misato ezali moke koleka ndako moke koleka na Yelusaleme na Sika. Likolo na monene, lolenge, kitoko, na mabanga na talo mpona kobongisama mizali mpenza na bokeseni mingi mpe lokola.

Na Yelusaleme na Sika, ezali kaka na mabanga na motuya zomi na mibale te, kasi mabanga misusu, mingi, kitoko na motuya. Ezali na mabanga na motuya na monene na kobanza te na ba langi langi ebele mpe kitoko. Ezali kaka na mabanga mingi na motuya ete bokoki te kopesa miango nioso ba nkombo, mpe misusu mikongala na minda na mbala mibale to misato na mbala moko.

Ya solo, ezali na mabanga na talo mingi na Bokonzi na Misato. Kasi, libanda na bokeseni na yango, mabanga na motuya na Bokonzi na Misato mikoki te kopimama na oyo na Yelusaleme na Sika. Ezali na Libanga moko na talo te iye ikongala na minda mibale to misato na mbala moko na Bokonzi na Misato. Mabanga na Bokonzi na Misato mizali na ba pole kitoko koleka ba oyo na Bokonzi na Liboso, to na Mibale, kasi mizali kaka miye misengeli mpe na momesano, mpe ata na lolenge moko mikesene na ba oyo na Yelusaleme na Sika.

Yango tina bato na Bokonzi na Misato, bakofandaka libanda na Yelusaleme na Sika iye itondisama na nkembo na NZAMBE, bakotalaka yango mpe balikyaka na kozala kuna mpona libela.

"Soki kaka namekaka makasi koleka mpe nazalaka sembo koleka na ndako nioso na Nzambe..."
"Soki kaka Tata Abengaka kombo na ngai mbala moko..."
"Kaka soki nabengamaka ata mbala moko lisusu..."

Ezali na ebele na esengo mpe kosepela na Bokonzi na Misato na kokanisa te, kasi mikoki te kopimama na ba oyo kati na Yelusaleme na sika.

2. Bato Na Lolenge Nini Bakendaka Na Bokonzi na Misato?

Tango bofungoli motema na bino mpe boyambi Yesu Christu lokola Nkolo mpe Mobikisi na bino, Molimo Mosantu Akoya mpe Akolakisa bino likolo na masumu, Bosembo, mpe esambiselo, mpe Akomema bino na kososola solo. Tango bokotosa Liloba na Nzambe, bolongoli mabe na lolenge nioso mpe bobulisami, bokomi na bisika na molema na bino ebika malamu na etape na minei kati na kondima.

Ba oyo bakomi na etape na minei kati na kondima bakolinga Nzambe mingi mpe bakolingama na Nzambe mpe bakokota na Bokonzi na Misato. Bongo, bato na lolenge nini bazali na kondima na oyo bakoki kokota na Bokonzi na Misato.

Kobulisama na Kolongola Mabe na Lolenge Nioso

Na tango na Boyokani na Kala, bato bayambaka Molimo Mosantu te. Bongo, bakokaka kolongola masumu oyo ezalaka na nse na mitema na bango na makasi na bango moko. Tala tina bazalaka na kokata ngenga na nzoto, kasi soki mabe emonani na missala te, bamonaki yango lokola lisumu te. Ata soki mooko azalaki na likanisi na koboma moto, emonanaki lokola lisumu te na tango etalisami na misala te. Kaka tango makanisi mamonaka libanda nde mikobengama lisumu.

Kasi, na tango na Boyokani na Sika, soki bondimeli Nkolo Yesu Christu, Molimo Mosantu Akoya kati na motema na yo. Kaka soki motema na bino ebulisama nde bokoka kokota na Bokonzi na Misato. Ezali mpo ete bokoki kokata ngenga na motema na bino na Lisungi na Molimo Mosantu.

Bongo, bokoki kokota Bokonzi na Misato kaka soki kaka bolongoli mabe na lolenge nioso lokola koyina, bondumba, moyimi mpe makambo lokola, mpe bobulisami. Bongo, moto na lolenge nini azali na motema ebulisama? Ezali ye oyo azali na lolenge na bolingo na molimo etalisama na 1 Bakolinti 13, ba mbuma libwa na Molimo Mosantu na Bagalatia 5, mpe makabo na bato na esengo na Matai 5, mpe oyo akokani na kobulisama na Nkolo.

Ya solo, elakisi te ete azali na etape moko na Nkolo. Ata lolenge nini moto akoki kolongola mabe na ye nioso mpe abulisami, etape na ye ekesene mingi mpenza na oyo na Nzambe, oyo Azali ebandeli na Pole.

Bongo, mpona kobulisa motema na bino, bosengeli naino kokomisa mabele malamu na motema na bino. Na maloba mosusu, bosengeli kokomisa mitema na bino mabele kitoko na kosalaka te nini Biblia elobeli bino bosala te mpe na kolongola oyo Biblia esengi na bino bolongola. Kaka bongo, bokokoka na kobota mbuma malamu lokola ba mboto mikolonama.

Na boye kobulisama etalisi tango oyo moto apetolami na masumu na ebandeli mpe na masumu moto akosalaka ye moko na lisungi na nisala na Molimo Mosantu sima na kobotama na sika na mai na Molimo Mosantu na kondimela nguya na kokangola na Yesu Christu. Kolimbisama na masumu na bino na kondimela na makila na Yesu Christu ekeseni na kopikola mosisa na masumu kati na bino na lisungi na Molimo Mosantu na kobondelaka makasi na kosangisaka na kokila.

Kondimela Yesu Christu mpe kokoma muana na Nzambe elakisi te ete masumu na biso nioso elongwe na motema na biso. Bozali naino na masumu lokola koyina, lolendo, mpe na makambo lokola kati na bino, mpe yango ezali nzela na komona mabe na koyokaka Liloba na Nzambe mpe kobundisa yango ata kino na kotangisa makila, ezali motuya (Baebele 12:4)

Yango ezali lolenge bokolongola misala na mosuni mpe bokokoba na nzela na kobulisama. Bisika wapi bobwaki kaka misala na mosuni te kasi mpe lisusu ba posa na mosuni kati na motema na bino ezali etape na minei kati na kondima, esika na kobulisama.

Tina Nini Nzambe Andimaka Momekano Makasi epai na Yobo?

Na nzela na Yakobo 1:12, bokoki komona ete Nzambe tango mosusu Andimaka mimekano mpe Akambaka bino mpona kokokisa kobulisama.

Esengo na moto oyo akoyikaka mpiko kati na komekama, pamba te awa esili ye kolonga, akozua motole na bomoi molakaki Nkolo epai na bango bakolingaka ye.

Yobo kati na Boyokani na Kala azalaka moyengebene na kokoka mpona kondimama epai na Nzambe lokola moto oyo azalaki malamu mpe na bosembo, mpe oyo abangaka Nzambe mpe aboyaka mabe (Yobo 1:1).

Mokolo moko, akutanaka na momekano. Abungisaka bana ba ye nioso mpe bozwi na ye nioso. Yobo Amilelaka soko te, kasi apesaka kaka matondi mpe nkembo epai na Nzambe.

Kasi tango momekano ekobaki, abandaka komilela liboso na Nzambe, "Nazala sembo mpe nabangaka Nzambe. Pona nini bongo Nzambe Apesa ngai pasi oyo?"

Bongo, pona nini Nzambe Andimaka momekano oyo epai na Yobo, oyo elobamaki ete azalaka moto sembo? Kaka lolenge mosali na misala na mabanga na talo akoluka libanga na ye na motuya ebongisama mpe epetolama, Nzambe Alingaka Akomisa Yobo sani kitoko na koleka na nzela na momekano oyo.

Ata mozangi mbeba mpe moto na sembo Yobo azalaka na masumu na nse na motema na ye oyo ayebaka te. Bongo Nzambe Andimaka momekano esalema mpona kobulisa ye na mobimba. Sima na wana, Nzambe Apambolaka Yobo mbala mibale koleka liboso sima na ye kondimama.

Kobulisama Kaka Sima na Kolongola Masumu NA Makila

Nini, bongo, ezali masumu na makila na moto? Ezali masumu nioso miye mipesama o nzela na nkona na bomoi na baboti wuta bozango botosi na Adamu. Ndakisa, bokoki komona ete muana bebe, oyo azali ata na mbula moko te, azali na makanisi mabe. Ata soki mama na ye atikala kolakisa ye makambo mabe lokola koyina to zua, akosilika mpe akosala makambo mabe soki mama na ye apesi mabele epai na bebe na baninga na ye. Mpe akoki komeka kotindika bebe na voisin, mpe akobanda kolela, kotondisama na kanda, soki muana bebe wana atiki mama na ye te.

Na boye, tina oyo ata bebe atalisaka misala na mabe, ata soki ayekolaka yango epai na moto moko te, ezali mpo ete ezali na masumu kati na ye. Lisusu, masumu moto akosalaka ezali oyo etalisami na misala ma ye na nzoto na kolandaka ba mposa mabe kati na motema.

Solo, soki bobulisama na masumu na makila (na kati), esengeli solo na masumu bosalaka bino moko na nzoto ebwakama mpo été mosisa na masumu elongwa. Bongo, mbotama na sika na molimo ezali ebandeli na kobulisama, mpe kobulisama kokoka na mbotama na sika. Boye, soki bobotami sika, nakolikya ete bokobika bokristo na elonga mpona kokokisa kobulisama.

Soki bolingi mpenza kobulisama mpe bozongela elilingi ebunga na Nzambe, mpe bomeka oyo bokoki, nde bokokoka na kolongola masumu na kati na bino na ngolu mpe bokasi na Nzambe mpe na lisungi na Molimo Mosantu. Nakolikya ete bokokokana na motema esantu na Nzambe na lolenge Asengi na bino, "Bokozala bulee, mpo ete Ngai Nazali Bulee." (1 Petelo1:16)

Abulisami Kasi Sembo Na Mobimba Te Mpona Ndako Nioso Na Nzambe

Nzambe Apesaka ngai nzela na kozala na lisolo na moto moko asi akufaka, mpe andimamaka mpona kokota na Bokonzi na Misato. Ekuke na Ndako na ye ebongisama na lolenge na kongumbama na ba mangaliti, mpe yango ezali mpo ete abondelaka mingi na mpinzoli ma ye na molende mingi na tango azalaka naino na mokili oyo. Azalaka mondimi na bosembo na lolenge oyo, ye abondelaka mpona bokonzi mpe bosembo na Nzambe, mpe mpona lingomba na ye mpe basali na yango mpe bandimi na molende makasi mpe mai na miso.

Liboso na ye kokutana na Nkolo, azalaka mpenza mobola

mingi mpe na eloko te nde akokaka te kozala ata na likuta na wolo te. Sima na ye kondimela Nkolo, akokaka kokima na nzela na kobulisama mpo ete akokaka kotosa solo sima na kososola yango na koyoka Liloba na Nzambe.

Lisusu, akokakak kosala mosala na ye malamu mpo ete azwaka malakisi ebele epai na mosali na Nzambe oyo alingama mingi na Nzambe, mpe asalelaka ye malamu. Mpona yango, akokaka kosuka na bisika na pole makasi mpe na nkembo koleka kati na Bokonzi na Misato.

Lisusu, libanga na talo na Yelusaleme na Sika na kongala makasi ikotiama na ekuke na ndako na ye. Yango ezali libanga na talo epesameli ye epai na mosali na Nzambe oyo ye asalelaka na mokili oyo. Akobimisa na libanga na ye na talo na ndako na ye na kolia mpe akotia yango na ekuke na ndako na ye tango akokende kotala ye. Yango ekozala elembo ete mposa na ye ekozala epai na mokambi na ye mpo ete ye akokaka te koingela na Yelusaleme na Sika ata soki asungaka ye makasi na mokili oyo. Bato mingi na Bokonzi na Misato bakolula (kolinga) libanga na motuya oyo.

Kasi, akozala na soni moke mpo ete akokaki te na koingela na Yelusaleme na Sika. Soki azalaka na kondima ekoka mpona koingela na Yelusaleme na sika, akokaka kozala na Nkolo, mosali na Nzambe oyo asalelaka na mokili mpe bandeko misusu na bolingo na lingomba na ye bayaka na sima. Soki azalaka sembo na koleka moke na mokili oyo, akokaka kokota na Yelusaleme na Sika, kasi mpona kozanga kotosa azangaka libaku malamu na tango ipesamelaka ye.

Ata bongo, azali kopesa matondi mingi mpe asimbama makasi na motema na ye mpona nkembo epesamela ye na Bokonzi na Misato mpe atatolaka boye. Azali kaka kopesa matondi mpo ete azali kozwa biloko na motuya lokola mabonza, moko te ye akokaka kozwa na misala ma ye moko.

"Ata soki nakokaka kokota na Yelusaleme na Sika bisika etondisama na nkembo na Tata mpo ete nakokaka na makambo nioso te. Nazali na ndako na ngai na Bokonzi kitoko oyo. Ndako na ngai ezali monene makasi mpe kitoko mingi, ata soki ekokani na bandako na Yelusaleme na Sika te, epesamelaka ngai biloko mingi na kokamwisa mpe kitoko oyo mokili ekoki ata kobanda kobanza te.

Nasala eloko moko te. Napesa eloko moko te. Nasala mpenza eloko moko te na kosunga. Mpe nasala eloko moko te na esengo epai na Nkolo. Kasi, nkembo oyo nazali na yango awa ezali mpenza monene ete nakoki kaka koyoka soni mpe kopesa matondi. Napesi matondi epai na Nzambe mpona kondimela ngai nafanda na bisika na nkembo koleka kati na Bokonzi na Likolo mpe lokola."

Bato Na Kondima Na Babomami

Kaka na lolenge moto alingaka Nzambe mpenza mingi mpe akokoma mobulisami na motema na ye akoki kokota na Bokonzi na Misato, bokoki kokota ata Bokonzi na Misato soki bozali na kondima na babomami na oyo bokoki kobonza eloko nioso, ata bomoi na bino mpona Nzambe.

Bandimi na egelesia na ebandeli ba oyo babatelaka kondima na bango kino tango bakataka bango mitu, baliamaka na ba kosi na Colise na Loma, to bazikisama, bakozwa libobonza na babomami na Lola. Ezali eloko moke te kokoma mobomami na nse na konyokolama makasi boye na kobangisaama.

. Zinga zinga na bino ezali na bato mingi ba oyo babatelaka mikolo na Nzambe bulee te to bakobwakisa misala Nzambe Apesa bango kosala mpona mposa na misolo. Bato na lolenge oyo ba oyo bakoki te kotosa makambo mike mike boye, bbakoki te kobatela kondima na bango na tango na likama na bomoi na bango, bongo kobomama?

Bato na Lolenge nini bazali na kondima na babomami? Ezali

ba oyo bazali na mitema mpiko miye mikombongwanaka te lokola Daniele na Boyokani na Kala. Ba oyo bazali na makanisi mibale mpe balukaka bolamu na bango moko, komisangisa na mokili, bango, bazali na libaku moke mingi mpona kokoma babomami.

Ba oyo bakoki solo kokoma babomami basengeli kozala na motema embongwanaka te loklla Daniele. Abatelaka bosembo na kondima na koyebaka malamu ete akokota na libulu na kosi. Abatelaka kondima na ye kino ata na ngonga na suka tango abwakamaka kati na libulu na kosi na mayele mabe na bato mabe. Daniele atikala te kokende mosika na bosolo mpo ete motema na ye ezalaka petwa mpe na kopetolama.

Lolenge moko na setefano na Boyokani na Sika. Abetamaka mabanga kino kufa na tango azalaka koteya Sango Malamu na Nkolo. Setefano azalaka mpe mobulisami oyo akokaka kobondela ata mpona ba oyo bazalaka kobeta ye mabanga ata ete asalaka mabe te. Bongo boni boni Nkolo Alingaka ye? Akotambola elongo na Nkolo mpona libela na Lola, mpe kitoko na ye mpe nkembo ekozala monene. Bongo, bosengeli kososola ete eloko na motuya koleka ezali kokokisa bosembo mpe kobulisama na motema.

Ezali na moke mingi ba oyo bazali na kondima na solo lelo. Ata Yesu atunaka ete, "Kasi wana ekoya Mwana na Moto, Akokuta kondima awa na nse? (Luka 18:8) Boni motuya bokozala na miso na Nzambe soki bokomi bana babulisami na na kobatelaka kondima mpe kolongola mabe na lolenge nioso na mokili oyo oyo etondisama na masumu?
Bongo, nabondeli na nkombo na Nkolo ete bokobondela makasi mpe bokokomisa mitema nna bino bulee noki noki, nakotalaka na nkembo mpe lifuti oyo Nzambe Tata Akopesa bino na Lola.

Chapitre 10

Yelusaleme Na Sika

1. Bato Na Yelusaleme Na Sika Bamonaka Nzambe Elongi na Elongi
2. Bato na Lolenge Nini Bakendaka Na Yelusaleme Na Sika?

Namoni mpe mboka mosantu,
Yelusaleme na Sika,
, Kokita na likolo, kouta na Nzambe Esilaki
kobongisama lokola mwasi na libala
oyo asili kokemba nzoto mpona
mobali na ye.

- Emoniseli 21:2 -

Na Yelusaleme na Sika, oyo ezali bisika kitoko na koleka na Lola mpe etondisama na nkembo na Nzambe, kuna ezali na Ngwende na Nzambe, Chateau na Nkolo na Molimo Mosantu, mpe ndako na batu oyo basepelisaka Nzambe mingi mpenza na kondima eleki likolo.

Ba ndako na Yelusaleme na Sika mizali kobongisama na kitoko koleka na lolenge ba oyo bakozala bakolo na yango balingeli yango. Mpona kokota Yelusaleme na Sika, petwa mpe kitoko lokola kulusatala, mpe bakabola bolingo na Nzambe mpona libela,, bosengeli kaka kokokana na motema bulee na Nzambe te, kasi mpe kosala mpenza mosala na bino lokola Nkolo Yesu Asalaka.

Sik'awa, esika nini ezali Yelusaleme na Sika, mpe bato na lolenge nini bakendaka kuna?

1. Bato na Yelusaleme Na Sika Bamonaka Nzambe Elongi na Elongi

Yelusaleme na Sika, ebengama mpe Mboka Bulee na Lola, ezali mpenza kitoko lokola mwasi na libala oyo abongami mpona mobali na ye. Bato kuna bazali na privilege na komonana na Nzambe elongi na elongi mpo ete Ngwende na Ye ezali kuna.

Ebengama mpe "Mboka na Nkembo" mpo ete bokozwa nkembo kowuta na Nzambe mpona libela na tango bokokota na Yelusaleme na Sika. Bifelo misalema na Yasipi, mpe engomba na wolo epetolama, petwa lokola tala tala. Ezali na bikuke misato na ngambo moko na moko na bifelo minei mpe ezali na muanje mpona kobatela ekuke moko na moko.-likolo, nse, esika moi ebimaka, na esika elalaka mpe ezali na muaje mpona kobatela ekuke moko na moko. Miboko zomi na mibale na engomba misalema na mabanga na motuya mikesana, zomi na mibale.

Bikuke Zomi na Mibale na mangaliti Na Yelusaleme na Sika

Bongo, pona nini bikuke zomi na mibale na Yelusaleme na Sika misalema na mangaliti? Niama na mangaliti ezalaka na molende mpona kokitisa mai na yango na kosala mangaliti.. Na lolenge moko, bosengeli kolongola masumu, kobunda na bango kino ata na bisika na kotangisa makila mpe kozala sembo kino kufa liboso na Nzambe na molende mpe na komikamba malamu. Nzambe Asala bikuke na mangaliti mpo été bosengeli kolonga bakososo na bino na esengo mpona kosala mosala Nzambe Apesa bino ata soki bozali kokende na nzela moke.

Bongo tango moto oyo Akoti Yelusaleme na Sika aleki na ekuke na mangaliti, akotangisa mpinzoli na esengo mpe na kosepela. Akopesa matondi ekoki te kotalisama mpe nkembo epai na Nzambe oyo Akambaka ye na Yelusaleme na Sika.

Lisusu, tina nini mpona Nzambe Asala miboko zomi na mibale na mabanga na motuya mikesana? Ezali mpo ete kosangisama na tina na mabanga na motuya zomi na mibale ezali motema na Nkolo na Tata.

Na boye bosengeli kososola tina na molimo na libanga moko na moko mpe bokokisa tina na molimo kati na motema na bino mpona kokota Yelusaleme na Sika. Nakolimbola na mozindo ba tina miango na Lola II: Etonda na nkembo na Nzambe.

Ba Ndako na Yelusaleme na Sika na lisanga Ekoka mpe na Bokeseni

Ba ndako na Yelusaleme na Sika mizali lokola ba Chateau na minene mpe na kitoko. Ndako moko na moko ezali na lolenge na yango kolandana na oyo nkolo na yango alingaka, mpe ezali na lisanga na kokoka mpe na kokesana. Lisusu, ba lango ebele na minda kowutaka na mabanga na motuya ekoyokisa bino kitoko m[e nkembo elekela maloba.

Bato bakoki koyeba nani azalaki nkolo ndako kaka na kotalaka na pole na nkembo mpe mabanga na talo mabongisi ndako.

Ndakisa, ndako na moto oyo akomaka mobomami na mokili oyo ikozala na mabongisi mpe makomi likolo na motema na nkolo na yango mpe oyo ye akokisa kino kobomama. Makomi matama na lokola sani na wolo moe ikongala makasi mingi. Ekotanga, "Mokolo ndako oyo akooma mobomami mpe akokisaka mokano na Nzambe Tata na mokolo,,,, na zanza... na mbula..."

Ata na ekuke, bato bakoki komona pole makasi iye ikobimaka na lokola sani monene na wolo bisika kokokisama na nkolo ndako mikomama, mpe ba oyo nioso bakomona yango bakongumbama. Kobomama ezali mpenza nkembo monene mpe lifuti, mpe ezali lokumu mpe esengo na Nzambe.

Wuta mabe ezali te na Lola, bato na mbala moko bakokitisa mitu na bango kolandana na pete mpe mozindo wapi alingami na Nzambe. Lisusu, kaka lolenge bato bapesaka plaque na matondi to na misala minene mpona kosepela na makambo minene, Nzambe mpe apesaka plaque epai na moto na moto mpona na lolenge ye apesaka Ye nkembo. Bokoki komona ete solo na ba pole mikesana kolandana na lolenge na plaque.

Lisusu, Nzambe abongisa na ba ndako na bato eloko moko lokola souvenir na bomoi na bango na mokili oyo. Ya solo, ata na Lola bokoki kotala makambo na kala na mokili oyo na eloko lokola etando moke.

Montole na Wolo to Na Bosembo

Soki bokoti na Yelusaleme na Sika, ekopesamela bino ndako na bino mpe montole na wolo, mpe montole na bosembo ekopesamela kolandana na misala na bino. Yango ezali montole eleki na nkembo mpe na kitoko koleka na Lola.

Nzambe Ye moko apesaka montole na wolo na ba oyo bakokota Yelusaleme na Sika, mpe zinga zinga Ngwende na Nzambe ezali na ba mpaka ntuku mibale na minei na mintole na wolo. Kiti na bokonzi ntuku mibale na minei izingaki kiti na bokonzi, mpe ba mpaka ntuku mibale na minei bafandi na kiti na bokonzi yango. Balati bilamba mpembe, mpe na mito na bango mitole na wolo. (Emoniseli 4:4).

"Mpaka" awa elakisi te pete oyo epesamaka na egelesia mokili, kasi ba oyo bazali sembo na miso na Nzambe mpe bandimami na Nzambe. Basantisama mpe "bakokisa ndako na Nzambe na mitema na bango" elakisi été bakomi bato na molimo na kokoka na kolongola mabe na lolenge nioso. Kokokisa ndako na Nzambe emonanaka elakisi ete kosala misala nioso mipesamelaki bino na mokili oyo.

Ebele "ntuku mibale na minei" etalisi bato nioso ba oyo bakotaka ekuke na lobiko na kondima lokola bikolo zomi na mibale na Yisalele mpe babulisama lokola bayekoli zomi na mibale na Yesu Nkolo. Bongo, "ba mpaka ntuku mibale na minei" etalisi bana na Nzambe ba oyo bandimami na Nzambe mpe bazali sembo na ndako nioso na Nzambe.

Bongo, ba oyo bazali na kondima lokola wolo oyo ebongwanaka te bakozwa montole na wolo, mpe ba oyo balikyaka na komonana na Nkolo lokola ntoma Polo bakozwa montole na boyengebene.

Nasili kobunda etumba malamu, nasilisi nzela na kotambola, nasili kobatela kondima. Longwa na sasaipi motole na boyengebene ebombami mpona ngai oyo Nkolo mosambisi na sembo, akopesa ngai na mokolo yango, nde bobele na ngai te kasi na bango nioso basili kolinga komonana na Ye (2 Timote 4:7-8).

Ba oyo bakolikyaka na komonana na Nkolo bakobika solo kati na pole na pole na solo, mpe bakokoma ba mbeki mibongisami malamu mpe basi na libala na Nkolo. Bongo, bakozwa mpe montole kolandana na yango.

Ntoma Polo akweyaka te kati na minyoko to pasi, kasi amekaka kaka kopanza Sango Malamu mpe kokokisa bosembo na Ye na nioso asalaka. Atalisaka makasi nkembo na Nzambe bisika nioso akendaka, kati na mosala mpe na molende.

Yango tina Nzambe Abongisaka montole na boyengebene mpona ntoma Polo. Mpe Akopesa yango mpona oyo nioso akolikya na komonana na Nzambe lokola ye.

Ba Mposa Nioso Kati Na Mitema Na Bango Mikokokisama

Ninni bozalaka na yango kati na ba bongo na mokili oyo, nioso bolingaka kosala kasi botikaka mpona Nkolo- Nzambe Akozongisela bino yango nioso lokola mabonza kitoko na Yelusaleme na Sika. Boye ba ndako na Yelusaleme na Sika mizali na nioso bolingaka kosala. Bandako misusu mizali na ba libeke mpo ete nkolo ndako akende na buatu mpe misusu mizali na ba zamba bisika bakoki kotambola. Bato bakoki mpe kosepela na komema balingami na bango na masolo kitoko na mesa na komela ti na suka na elanga kitoko. Ezali na ba ndako na bisobe na matiti esangana na ba fololo, mpo ete bato bakoka kotambola to kosanjola na ba ndeke lolenge na lolenge mpe ba nyama kitoko.

Na lolenge oyo, Nzambe Asala na Lola nioso bolingaka kozala na yango na mokili oyo na kozangisa eloko moko te. Boni bokosimbama na motema na bino soki bomoni makambo oyo nioso Nzambe Abongisela bino na limemia mingi?

Solo, kokoka na kokota Yelusaleme na Sika yango mpenza ezali liziba na esengo. Bokobika kosepela iye imbongwanaka te, nkembpo, mpe kitoko na libela. Bokotondisama na esengo mpe koningisama na motema na tango bokotala nse, tango bokotala likolo, to bisika nioso bokotala.

Bato bazali koyoka kimya, malamu, mpe na securite kaka na kofanda na Yelusaleme na Sika mpo ete Nzambe Asala yango mpona bana ba Ye oyo Alingaka mpenza, mpe eteni nioso na yango etondisama na bolingo na Ye.

Bongo na nioso bokosala-bisika nioso bokotambola, kopema, kosakana, kolia, to koloba na bato misusu- bokotondisama na kosepela mpe na esengo. Ba nzete, ba fololo, matiti, mpe ata ba nyama nioso balingama, mpe bokoyoka nkembo na bonene na bifelo na chateau, mabongisami, mpe biloko kati na ndako.

Na Yelusaleme na Sika, bolingo mpona Nzambe Tata ezali lokola mai kopunza punza mpe bokotondisama na kosepela ezanga suka, matondi, mpe esengo.

Komona Nzambe Elongi na Elongi

Na Yelusaleme na Sika, bisika ezali na etape etombwama na koleka na nkembo, kitoko, mpe kosepela, bokoki kokutana na Nzambe elongi na elongi mpe kotambola naelongo na Nkolo, mpe bokoki kobika na balingami na bino libela na libela.

Bakolulama mpe kaka na banje te kasi mpe manpinga na Lola, mpe bato nioso na Lola. Lisusu, banje na bino moko. bakosalela bino lokola basalelaka mokonzi, na kokokisa ba posa na bino nioso mpe bosenga na bino nioso na kokoka. Soki bolingi kopimbwa na likolo, motuka na lipata na yo moko ikoya mpe ikotelema kaka liboso na makolo ma yo. Na tango okoti na motuka na lipata, okoki kopimbwa na likolo na lolenge olingi, to okoki kopusa yango na nse.

Bongo soki bokoti na Yelusaleme na Sika, bokoka komona Nzambe elongi na elongi, bobika na ba bino ba bolingo mpona libela, mpe baposa na bino nioso mokokokisama na ngonga moko. Bokoka kozala na eloko nioso bolingi, mpe basalela bino lokola bana na Mokonzi ya mibali mpe ya basi lokola na lisapo.

Kozala na Bilambo Na Yelusaleme na Sika

Na Yelusaleme na Sika bilambo mizalaka tango nioso. Tango mosusu Tata Akosalisa bilambo, to tango mosusu Nkolo to Molimo Mosantu Akosala yango. Bokoka komona esengo na bomoi na Lola na malamu mingi na nzela na bilambo mana. Bokoka komona bofuluki, bonsomi, kitoko, na esengo na ngonga moko na bilambo wana.

Tango bokomikotisa na elambo esalema na Tata, bokolata elamba kitoko koleka na mabongisi, kolia na komela bilei na motuya koleka. Bokosepela mpe na miziki kitoko mpe elengi, masanjoli mpe mabina. Bokoki kotala banje kobina, to tango mosusu bino moko mpona kosepelisa Nzambe.

Banje bazalaka kito mpe na kokoka na technique, kasi Nzambe Asepelaka mingi na solona malasi na mitema na bana ba Ye ba oyo bayebi motema na ye mpe balingaka Ye na mitema na bango.

Ba oyo basalelaka Nzambe na mayangani na masanjoli na mokili oyo bakosala mpe na bilambo mana mpona kokomisa miango malamu koleka, mpe ba oyo basanjolaka Nzambe na ba nzembo, mabina, mpe kobeta mandanda bakosala lolenge moko na bilambo na Lola.

Bokolata elamba na pete, na mabongisi mingi likolo na yango, montole kitoko mingi, na mabongisi na mabanga na talo na ba pole mangalingali. Lisusu, bokotambusama na motuka na lipata to na wagon na wolo elongo na banje mpona kokota na elambo. Bongo motema na bino epunjaka punjaka te na esngo kaka na kokanisa nioso oyo?

Kotambwisama Kati na masuwa kati na Mai na Tala Tala

Kati na mai monene kitoko na Lola ezali na mai petwa lokola kulusutala ezali na mbeba moko te to mbindo. Mai na mai monene na langi bleu ezali na ba mbonge malamu, mpe ikongala makasi. Ba mbisi na lolenge na lolenge bakotiola na mai oyo ezali na komonana na kati, mpe tango bato bakopusanela bango, bakoyamba bango na koningisaka mikila na bango mpe bakotatola bolingo na bango.

Lisusu, ba coraille na ba langilangi bakosanganaka. Na tango nioso bazali koningana, bakobimisa minda na ba langi langi na bango kitoko. Boni kitoko komona oyo ezali! Ezali na bisanga mike mike na mai monene oyo, mpe mikomonana malamu. Lisusu, masua lokola "titanique" ikoleka leka mpe kati na yango elambo ezali mpe lokola.

Ba masuwa mana mizali na biloko nioso kati na yango ata ba ndako kitoko kati na yango, bisika na masano na kobwaka mbuma, liziba na kosokola, mpe ndako na mabina mpo ete bato bakoka kosepela niso bakolinga. Kokanisa kaka bilambo nioso na ba bato mana, miye mizali minene koleka mpe na mabongisi malamu koleka masuwa nioso na mokili oyo, elongo na Nkolo mpe na balingami ekozala mpenza esengo monene.

2. Bato Na Lolenge Nini Bakendaka Na Yelusaleme Na Sika?

Ba oyo bazali na kondima lokola wolo, bakolikyaka na komonana na Nkolo, mpe bazali komibongisa lokola basi na libala na Nkolo bakoingela Yelusaleme na Sika. Bongo, bato na lolenge nini bosengeli kozala mpona kokota Yelusaleme na Sika oyo ezali petwa mpe kitoko lokola mangaliti mpe etonda na ngolu na Nzambe?

Bato Na Kondima Na Kosepelisa Nzambe

Yelusaleme na Sika ezali bisika mpona ba oyo na etape na mitano kati na kondima- ba oyo babulisa kaka motema na bango nioso te kasi bazalaka mpe sembo na ndako nioso na Nzambe.
Kondima oyo esepelisaka Nzambe ezali kondima na lolenge na oyo Nzambe asepelakka na yango mingi Alingaka kokokisa bosenga mpe mposa na bana ba Ye liboso na bango kosenga.

Bongo, lolenge nini bokoki kosepelisa Nzambe? Nakopesa na bino ndakisa. Toloba ete tata azongi ndako kowuta na mosala na ye, mpe alobeli bana ba ye mibale ete azali na posa na mai. Muana liboso, oyo ayebi ete tata na ye alingaka masanga sukali, amemi kopo na Coka to Sprite mpona tata na ye. Lisusu, muana apesi massage na tata na ye mpo ete ayoka malamu, ata soki tata asengaki ye te.

Na loboko mosusu, muana na mibale amemi kaka kopo na mai epai na tata na ye mpe azongi kati na ndako na ye na kolala. Sik'awa, nani na bana mibale akoka kosepelisa tata na ye mingi, na kososola motema na tata na ye?

Bisika na bana mibale, oyo amemaki kaka kopo na mai pona kotosa kaka liloba na tata, tata asengelaki na kosepela mingi koleka na muana oyo amemaka kopo na Coka oyo alingaka mpe apesaka ye massage oyo ye asengaka te. Na lolenge moko, bokeseni kati na ba oyo bazali kokota na Bokonzi na Misato na Yelusaleme na Sika efandi na lolenge bato basepelisi motema na Nzambe Tata mpe bazalaka sembo kolandana na mokano na Tata.

Bato na Molimo na Kokoka na Motema na Nkolo

Ba oyo bazali na kondima oyo esepelisaka Nzambe batondisaka mitema na bango kaka na solo, mpe bazali sembo na ndako na Nzambe mobimba. Kozala sembo na ndako nioso na Nzambe elakisi ete kosala misala koleka oyo esengami na moto kosala na kondima na Kristu Ye moko, oyo Atosaka mokano na Nzambe kino bisika na kufa, na kotala te likolo na bomoi na Ye.

Boye, ba oyo bazali sembo na ndako nioso na Nzambe basalaka mosala na makanisi na bango moko, kasi kaka na motema na Nkolo, motema na molimo. Polo atalisi motema na Nkolo Yesu na Bafilipi 2:6-8.

Ata azalaki na motindo na Nzambe, atangaki te ete ameka kokokana na Nzambe, nde Amiyeisi mpamba, akamati mitindi na moombo, abotami na lolenge na bato. Ezuami Ye na na motindo na moto, amisokisi mpe atosi kino kufa,ee, kino kufa na ekulusu.

Yango wana Nzambe Anetoli Ye, Apesi Ye Nkombo likolo na ba nkombo nioso, Afandisi Ye na loboko na mobali na Ngwende na Nzambe na nkembo, mpe Apesi ye mpifo na "Mokonzi na

Bakonzi"

Kaka, lolenge esalaki Yesu, bosengeli kokoka kotosa mokano na Nzambe na koponapona te mpona kozala na kondima na kokota Yelusaleme na Sika. Bongo ye oyo akoki kokota na Yelusaleme na Sika asengeli kokoka kosososla ata mozindo na motema na Nzambe. Moto na lolenge oyo akosepelisa Nzambe mpo ete azali sembo kino bisika na kufa mpona kolanda mokano na Nzambe.

Nzambe Apetolaka bana ba Ye mpona komema bango na kozala na kondima lokla wolo mpo ete bakoka kokota Yelusaleme na Sika. Kaka lokola motimoli wolo asukolaka mpe apetolaka mabele na kolukaka wolo mpona tango molayi, Nzambe Atiaka miso ma Ye likolo na bana ba Ye na lolenge bazali kombongwana na milimo kitoko mpe Asukolaka masumu na bango na Liloba na Ye. Bisika nioso Azwaka bana ba oyo bazali na kondima lokola wolo, Asepelaka likoloo na minyoko ma ye nioso, pasi, mpe mawa Azalaka na yango mpona kokokisa tina na boleki na bati na nse na moi.

Ba oyo bazali kokota Yelusaleme na Sika bazali bana ba solo na Nzambe oyo Azwa na kozelaka tango molayi kino tango babongoli mitema na bango na motema na Nkolo mpe bakokisi molimo ekoka. Bazali mpenza motuya na miso na Nambe mpe Akolinga bango mingi. Yango tina Nzambe asengi ete,"Tika ete Nzambe na kimya Ye moko Abulisa bino nye. Tika mpe ete bobatelama kati na molimo mpe na motema mpe na nzoto na kokabwana te mpe na ekweli te kino ekomonana Nkolo na biso Yesu Christu" Na 1 Batesaloniki 5:23.

Bato Na Kokokisa Mosala Na Mobomami Na Esengo

Mobomami ezali kopesa bomoi na yo moko. Boye, esengaka molende makasi mpenza mpe na komibonza mobimba. Nkembo na bolamu moto azwaka sima na kokaba bomoi na ye mpona kokokisa bokonzi na Nzambe, lolenge Yesu Asalaka, elekeli mabanzo nioso.

Solo, bato nioso oyo bakokota Bokonzi na Misato to Yelusaleme na Sika bazali na kondima na kokoma babomami, kasi ba oyo bakomaka solo babomami bazwaka nkembo monene koleka. Soki bozali na bisika na kokoma babomami te, bosengeli kozala na motema na mobomami, bokokisa kobulisama, mpe kokokiisa mosala na bino niso mpona kozwa lifuti na mobomami.

Nzambe Atalisa ngai nkembo na mosali na Nzambe moko kati na egelesia na ngai akozwa na Yelusaleme na Sika na tango akokokisa mosala na ye na mobomami.

Tango akokoma Lola sima na kokokisa mosala na ye, akotangisa mai na miso ezanga suka tango akomona ndako na ye na matondi mpona bolingo na Nzambe. Na ekuke na ndako na ye, ezali na elanga monene na ba fololo na lolenge na lolenge, ba nzete mpe mabongisi misusu. Banda elanga kino ndako monene ezali na nzela na wolo, mpe ba fololo mikosanjola misala na nkolo na bango mpe mokokitisa motema na ye na ba solo malasi kitoko.
Lisusu, bandeke na masala na wolo bakongala pole, mpe banzete kitoko mitandami kati na elanga. Banje ebele mpenza, ba nyama nioso, ata bandeke bazali kosanjola makambo mobomami asalaka mpe batombeli ye boyei malamu, mpe na tango aza;li kotambola na nzela na ba fololo, bolingo na ye mpona Nkolo ekokoma solo malasi na kitoko. Akotatola matondi ma ye tango nioso na motema na ye.

Nkolo Alingaka ngai solo ete Apesaka ngai mosala na motuya! Tala ntina nakoki kofanda kati na bolingo na Tata ! »

Kati na ndako, mabanga mingi na motuya mibongisi bifelo, mpe pole na calanele motane lokola makila mpe pole na safili mizali na kokamwisa. Calanele etalisi ete akokisaka likambo na kopesa bomoi na ye mpe bolingo na ye makasi, lolenge ntoma Polo asalaka. Safili etalisi motema na ye imbongwanaka te, na mpiko mpe bosembo na kobatela solo kino kufa. Ezali mpona kokanisa mobomami.

Na efelo mosusu ezali na makomi makomama na Nzambe Ye Mei. Etalisi tango na momekano na nkolo ndako, ngonga mpe lolenge nini akomaka mobomami, mpe na likambo nini akokisaka mokano na Nzambe. Tango bato na kondima bakomaka babomami bakumisaka Nzambe

. Na kati na efelo na ndako na kolia ezali na bitando ebele na bifelo na lolenge na lolenge. Makomi mitalisi lolenge nini asalaka wuta tango andimelaka Nkolo- lolenge kani alingaka Nkolo. Mpe misala na lolenge nini asalaka na motema na lolenge nini na tango moko.

Lisusu, na bisika moko na elanga ezali na bibende mingi na masano miye misalema na biloko na lolenge na lolenge mpe mibongisama na biloko na lolenge na lolenge miye mikoki te kobanzama na mokili oyo. Nzambe Asala miango mpona kosepelisa ye mpo ete alingaka masano mingi, kasi abwakisaka yango mpona mosala na Nzambe. Ba ngonga na bikuke mizali na mabende to acier lolenge na mokili oyo te, kasi misalema na Nzambe na mabongisi na motuya. Mizali lokola mabanga na motuya mikongalaka na kitoko. Ya nkamwa ezali ete mizali na kilo na kokesana kolandana na moto oyo azali kosalela yango. Biloko oyo misalelami te mpona kobatela nzoto malamu, kasi mizali lokola souvenir lokola biloko na kosepelisa motema.

Lolenge nini akoyoka na kotalaka makambo oyo nioso

Nzambe Abongisela ye? Asengelaki na kotika ba mposa na ye nioso mpona Nkolo kasi sik'awa motema na ye ekitisami, mpe azali kopesa matondi mpona bolingo na Tata Nzambe.

Akoki te kotika kopesa matondi mpe kosanjola Nzambe na mai na miso mpo ete motema mosimbi mpe moyebi na Nzambe Ibongisaki nioso alingaka, na kozangisa ata eloko moko te.

Bato basangani na Mobimba na Nkolo mpe Nzambe

Na Yelusaleme na Sika, Nzambe Atalisaka ngai ete, ezali na ndako monene klokola engomba monene. Ezalaka mpenza na kokamwisa ete nakokaka te komisunga na kokamwa monene na yango, kitoko, mpe kongala.

Ndako na monene mingi ezali na bikuke zomi na mibale-bikuke misato na ngambo moko na moko. Na kati kati ezali na chateau na etage misato, ebongisama na wolo epetolama mpe na mabanga na motuya na lolenge nioso.

Na etage na liboso, ezali na ndako moko monene wapi bokoki te komona suka na suka mosusu, ezali na ebele na ba ndako na koliela. Misalelama lokola ba ndako na kolia to bisika na bokutani. Na etage na mibale ezali na ba ndako mpona kobatela mpe mpona kolakisa mintole, bilamba, na ba souvenirs, mpe lisusu ezali na bisika na koyamba basakoli. Etage na misato esalelama kaka mpona bokutani na Nkolo mpe kokabola bolingo na Ye.

Zinga zinga na chateau ezali na ba lopango miye mizipama na ba fololo na ba solo kitoko. Ebale na Mai na Bomoi ezali kotiola zinga zinga na chateau na kimya, mpe likolo na ebale ezali na mapata na lolenge na monama miye mizali ba pont na ba langilangi na monama.

Kati na elanga ba fololo na lolenge mingi, ba nzete na matiti ekokomisa kokokanisa na kitoko. Na ngambo mosusu na ebale ezali na zamba monene elekela mabanzo.

Ezali mpe na etando monene na masano mingi, lokola train na kulusutala, masuwa na ba Viking esalema na wolo, mpe makambo misusu mibongisama na mabanga na motuya. Mikopesaka ba minda kitoko na kosepelisa bisika nioso mizali kosalelama. Pembeni na etando na masano ezali na balabala monene na ba fololo, mpe na suka na yango ezali na ezali na etando monene bisika wapi ba nyama bazali kosakana mpe kopema na kimya lokola bisobe na mokili oyo.

Libanda na oyo, ezali na ba ndako ebele na ba ndako milayi miye mibongisama na ba lolenge mingi na mabanga na motuya mpona kongalisa minda kitoko na kokamwis zinga zinga na bisika. Elandi elanga, ezali mpe na mai kokita, mpe na sima na ngomba ezali na mai monana bisika wapi masuwa monene na kopemisa nzoto lolenge na "Titanique" ekoleka. Oyo nioso ezali eteni na lopango na moto moko, nde bokoka kobanza mua moke lolenge nini monene mpe molayi ndako oyo ezali.

Ndako oyo ezali monene lokola engomba, ezali bisika na kokende kotala kuna na Lola, mpe ebendaka bato mingi kaka na Yelusaleme na Sika te kasi na Lola mobimba. Bato bamisepelisaka mpe bakabolaka bolingo na Nzambe Lisusu, ebele na banje bakosalelaka mokolo ndako, bakotalaka ndako na biloko nioso kati na lopango, bakolandaka motuka na lipata, mpe basanjola Nzambe na mabina na kobeta na mandanda. Makambo nioso ebongisama mpona kosepela oyo eleka mpe bolamu.

Nzambe Abongisa ndako oyo mpo ete mokolo na yango alonga lolenge nioso na mimekano, na kondima, elikya, mpe bolingo, mpe amema milimo mingi na bato na nzela na Lobiko na Liloba na bomoi mpe nguya na Nzambe, na kolingaka Nzambe liboso mpe koleka eloko nioso.

Nzambe na bolingo Akanisaka makasi nioso bosala mpe mpinzoli mpe Afutaka kolandana na oyo bosalaka. Mpe Alingi bato nioso bazala na bomoko elongo na Ye mpe Nkolo na bolingo na bomoi-epesamaka mpe bakoma basali na molimo mpona komema milimo na bato mingi na nzela na lobiko.

Ba oyo bazali na kondima oyo ekoki kosepelisa Nzambe bakoki kosangana na Ye elongo mpe Nkolo na nzela na bolingo na bango na bomoi kopesama mpo ete bakokani kaka na motema na Nkolo te mpe bakokisi kaka molimo ekoka te, kasi mpe lisusu bapesa bomoi na bango mpona kokoma babomami. Bato wanaa balingaka solo Nzambe mpe Nkolo. Ata soki Lola ezalaka te, bakoyoka mabe soko koyoka kobungisa eloko moko te mpona oyo bango bakokaka kosepela na yango mpe kozwa kati na mokili oyo. Eyokanaka na kosepela mpe na esengo kati na mitema na bango kosala lolenge Liloba na Nzambe esengi mpe kosalela Nkolo.

"Ya solo, bato na kondima na solo babikaka na elikya na mabonza oyo Nkolo Akopesa bango na Lola kaka lolenge ekomama na Baebele 11:6, "Soko na kondima te, ekoki te kosepelisa Nzambe, mpo ete ekoki na babelemi na Nzambe kondima ete Azali mpe ete Akozongisa libonza epai na bango bakolukaka Ye."

Kasi, elobeli bango eloko moko te soko Lola ezali to te, to mpe mabonza mazali to te ezali na eloko moko na motuya koleka. Bayokaka ete ezali na kosepela na koleka eloko nioso ete bakutana na Nzambe Tata mpe na Nkolo, oyo balingaka koleka nioso. Bongo, nakokoka kokutana na Nzambe Tata mpe na Nkolo te ezali libako mabe mpe mawa koleka kozwa mabonza to kobika na Lola.

Ba oyo balakisaka bolingo na bango iye ekufaka te mpona Nzambe mpe Nkolo na kopesaka bomoi na bango ata soki bomoi na eseengo na Lola ezalaki te basangana na Tata mpe

Nkolo mobali na bango na libala na nzela na bolingoo na bango na kopesa bomoi. Boni monene nkembo mpe mabonza oyo Nzambe Abongisela bango ekozala!

Ntoma Polo, oyo alikyaka mpona komonana na Nkolo mpe amizindisaka mpenza kati na mosala na Nkolo mpe amema bato mingi na lobiko, atatola ete:

Nandimi solo ete ata Kufa, ata bomoi, ata banje, ata mikonzi, ata makambo na ntango oyo, ata makambo makoya sima, ata ndenge na nguya na mokili, ata molai, ata bozindo, ata eloko mosusu nini ekoki kokabola biso te na bolingo na Nzambe bozali kati na Klisto Yesu, Nkolo na biso (Baloma 8:38-39).

Yelusaleme na sika ezali bisika mpona bana ba Nzambe ba oyo basangana na Tata Nzambe na nzela na bolingo na lolenge oyo. Yelusaleme na Sika oyo ezali petwa mpe kitoko lokola kulusutala, bisika ekozala kosepela mpe esengo ikoki te kobanzama, mpe ikosopanaka, ezali kobongisama na lolenge oyo.

Tata Nzambe wa bolingo Alingi bato nioso babika kaka te kasi lisusu mpe bakokana na Bosantu mpe bokoki na Ye mpo ete baya na Yelusaleme na Sika.

Bongo nabondeli na nkombo na Nkolo ete bokososola ete Nkolo oyo Akenda na Lola kobongisa ba ndako mpoba bino, Azali kozonga kala te mpe bokokisa molmimo ekoka mpe bomibatela na mbeba moko te mpo ete bokoma basi kitoko na Llibala ba oyo bakoki kotatola ete, "Yaka noki, Nkolo Yesu."

Mokomi:
Dr. Jaerock Lee

Dr Jaerock Lee abotamaka na Muan, Province na Jeonnam, Republique ya Koree, na 1943. Na ba mbula ma ye ntuku mibale, Dr. Lee anyokwamaka na ba bokono na lolenge na lolenge mpona ba mbula sambo mpe azalaka kozela kufa na elikya moko ten a lobiko. Kasi mokolo moko na tango na ebandeli na molunge na 1974 bamemaka ye na ndako na Nzambe epai na kulutu na ye ya mwasi mpe na tango anfukamaka mpona kobondela, Nzambe na bomoi na mbala moko abikisaka ye na bokono ma ye nioso.

Kobanda tango akutanaka na Nzambe na bomoi na nzela na likambo wana na kitoko na kokamwisa, Dr. Lee alinga Nzambe na motema na ye nioso mpe na bosolo, mpe na 1978 abiangamaka mpona kozala mosali na Nzambe. Abondelaka makasi na mabondeli na kokila bilei ebele mpo ete akoka kososola malamu mokano na Nzambe, akokisa yango na mobimba mpe atosaLiloba na Nzambe. Na 1982, abanda Egesia Central Manmin na Seoul, Koree, mpe misala mingi na Nzambe, ata lobiko na bikamwa, bilembo mpe bikamwa, mibanda kosalema na egelesia na ye wuta tango wana.

Na 1986, Dr Lee azwaka Pasteur na Assemblee Anuel na Yesu egelesia Sungkyul na Koree, mpe sima na mbula minei, mateya ma ye mabanda koleka na Australie, Russia, mpe na Philippine. Na sima na tango moke ba mboka mingi miyokaki ye o nzela na Compani na extreme orient matali teledifusion, Station na diffusion na Asia, mpe System na Radio na Bakristu na Washington.

Mbula misato na sima, na 1993, Egelesia Central Manmin eponamaka lokola moko na mangomba 50 na mokili mobimba na Magazine na Bakristu na mokili (US) mpe azwaka Doctorat Honorius na BoNzambe na college na bondimi na Bakristu, na Floride, na America, mpe na 1996 azwaka Doctorat na philosophie na Makambo matali mosala na Nzambe na Seminaire Theologique, na Iowa, America. Kingsway

Wuta 1993, Dr. Lee abanda kopanza sango malamu na mokili mobimba na nzela nan a ba croisades ebele na bikolo na ba paya neti: na Tanzanie, Argentina, L.A, Baltimore engomba, Hawai, mpe New York Engomba na America, Uganda, Japon, Pakistan, Kenya, Ba Phillipines, Honduras, Inde, RuSSIA, Allemagne, Peru, Republique Democratique na Congo, Israel mpe Estonie.

Na 2002 andimamaka lokola "moteyi na mokili mobimba" mpona misala ma ye ma nguya na ba magazine na Bakristu minene na Koree. Mingi mingi na Madison square Garden, bisika na masano mikenda sango koleka na mokili mobimba. Likambo liango etalisamaka na bikolo 2220, mpe na Croisade na ye na Lisanga naYisalele na 2009', isalema na Centre de Convention Internationale (Icc) na Yelusaleme atatolaka été Yesu Christu Azali Messia mpe Mobikisi.

Mateya ma ye malandamaka na bikolo 176 o nzela na satellite ata TV GCN mpe atiamaka lokola moko na bakambi na Bakristu 10 koleka na influence na mbula 2009 mpe 2010 na magazine ekenda sango na Ba Russia In Victory mpe agence na ba sango Telegraphe na Bakristu mpona mateya ma ye ma nguya na Tv mpe misala mma ye na Sango Malamu na bikolo bapaya.

Kobanda Sanza Mitano na 2013, Egelesia Central Manmin ezali na lingomba na bandimi koleka 120,000. Ezali na ba branches 10,000 na mokili mobimba kosangisa na ba egelesia branche 56 kati na ekolo oyo(Koree), mpe na ba missionaire koleka129 batindama na ba mboka 23, kosangisa Etats Unie (America), Russia, Canada, Japon, Chine, France, Inde, Kenya, mpe mingi koleka kino lelo.

Kino mokolo na kobimisa buku oyo, Dr Lee Akoma ba buku 85, kosangisa ba buku minene lokola Meka Bomoi na Seko Liboso na Kufa, Bomoi na Ngai Bondimi na Ngai I & II, Lifelo, Lamuka, Yisalele!, mpe Nguya na Nzambe. Misala ma ye mibongolama na minoko mileki 75.

Makomi ma ye mibimisamaka na Hankook Ilbo, Joong Ang Daily, Chosun Ilbo, Dong A Ilbo, Munhwa Ilbo, Shinmun na Seoul, Kyunghyang Shinmun, Korea Economic Daily, Herald Koreen, Ba sango Shisa, Pres na BaKristu.

Sik'awa Dr. Lee azali mokambi na ba organisation missionaire mpe masanga ebele. Pete na ye esangisi mpe : President, Lisanga na Mangongomba na Yesu Christu na Kosantisama ; President, Mission na Manmin mpona Mokili Mobimba ; President na Lelo, Associetion naMission na Reveil Mondial na Bakristu ;Mobandisi mpe president na conseil na Administration Reseau na Bakristu na Mokili Mobimba (GCN) ; Mobandisi mpe President na Coseil na Administration, Mission na Mokili Mobimba mpona Minganga Bakristu (WCDN) ; mpe Mobandisi mpe President, na Seminaire International Manmin (MIS).

Other powerful books by the same author

Heaven I & II

A detailed sketch of the gorgeous living environment the heavenly citizens enjoy and beautiful description of different levels of heavenly kingdoms.

The Message of the Cross

A powerful awakening message for all the people who are spiritually asleep In this book you will find the reason Jesus is the only Savior and the true love of God.

Hell

An earnest message to all mankind from God, who wishes not even one soul to fall into the depths of hell! You will discover the never-before-revealed account of the cruel reality of the Lower Grave and hell.

Tasting Eternal Life Before Death

A testimonial memoirs of Dr. Jaerock Lee, who was born gain and saved from the valley of death and has been leading an exemplary Christian life.

The Measure of Faith

What kind of a dwelling place, crown and reward are prepared for you in heaven? This book provides with wisdom and guidance for you to measure your faith and cultivate the best and most mature faith.

www.urimbooks.com

www.ingramcontent.com/pod-product-compliance
Lightning Source LLC
LaVergne TN
LVHW021811060526
838201LV00058B/3328